9780440333378

RUSSIAN PROSE READER

RUSSIAN PROSE READER

Edited by
NORMAN HENLEY

D. VAN NOSTRAND COMPANY, INC.
Princeton, New Jersey
Toronto　　　　　New York　　　　London

D. VAN NOSTRAND COMPANY, INC.
120 Alexander St., Princeton, New Jersey
(*Principal office*)
24 West 40 Street, New York 18, New York

D. Van Nostrand Company, Ltd.
358, Kensington High Street, London, W.14, England

D. Van Nostrand Company (Canada), Ltd.
25 Hollinger Road, Toronto 16, Canada

Copyright © 1963, by
D. VAN NOSTRAND COMPANY, Inc.

Published simultaneously in Canada by
D. Van Nostrand Company (Canada), Ltd.

No reproduction in any form of this book, in whole or in part (except for brief quotation in critical articles or reviews), may be made without written authorization from the publishers.

PRINTED IN THE UNITED STATES OF AMERICA

PREFACE

Russian Prose Reader offers the intermediate or advanced student of Russian a cross section of readings from works by classic Russian authors of the nineteenth and twentieth centuries.

These readings are roughly graded in length but not in difficulty. Starting with the selection by Pasternak, the readings are presented in the reverse chronological order of their original publication.

Each reading is accompanied by materials designed to help the student improve his mastery of Russian grammar and vocabulary. These include a list of verbs to review or learn for the given reading as well as sentences for translation into Russian. The latter exercises illustrate a particular element of Russian grammar and are related to the reading through word selection and, often, through content.

To facilitate progress in an important and rather neglected area, hints on stress have been included with each reading. The student will have a chance to make use of these hints by determining stresses for the last three readings, where only a few stresses are indicated.

The use of a dictionary is assumed, in particular the *New Russian-English and English-Russian Dictionary* by M. A. O'Brien. However, other dictionaries may be used, the Russian-English dictionary by Smirnitsky being especially recommended.

The footnotes define words missing or inadequately

defined in the O'Brien dictionary, include explanations of grammar, and, where necessary, offer background information to make the selection more understandable.

Although the language of the original has not been changed, a few spellings have been normalized to conform with contemporary orthography, and occasionally some words and passages have been omitted. Where it seemed desirable to indicate deletions, a series of asterisks has been employed.

The accentuation tries to follow contemporary standard usage, the principal authorities consulted being *Slovar' Russkogo Jazika*, the four-volume dictionary of the Academy of Sciences, and *Russkoe Literaturnoe Proiznoshenie I Udarenie* by R. I. Avanesov and S. I. Ozhegov. Occasionally such usage may not reflect regional variations (especially in dialogue) or the practice at the time of the author. When authorities tolerate more than one stress for a given word, an arbitrary choice was exercised.

Any corrections of mistakes or suggestions for improvement brought to the editor's attention will be gratefully welcomed.

N.H.

CONTENTS

READING

1. From the novel *Anna Karenina* by L. N. Tolstoy — 1
2. *Anna Karenina* (Continuation) — 6
3. *Anna Karenina* (Continuation) — 11
4. *Anna Karenina* (Conclusion) — 17
5. Abridgment of the story *The Man in a Shell* by A. P. Chekhov — 23
6. *The Man in a Shell* (Continuation) — 29
7. *The Man in a Shell* (Continuation) — 37
8. *The Man in a Shell* (Conclusion) — 45
9. From the novel *Fathers and Sons* by I. S. Turgenev — 52
10. From the novel *Crime and Punishment* by F. M. Dostoevsky — 61
11. From the novel *Brothers Karamazov* by F. M. Dostoevsky — 69
12. From the book *Childhood* by M. Gorky — 78
13. From the novel *Doctor Zhivago* by B. L. Pasternak — 88
14. From the novel *The Quiet Don* by M. A. Sholokhov — 96
15. From the novel *The Golovlevs* by M. E. Saltykov-Shchedrin — 107
16. From the novel *Cathedral Folk* by N. S. Leskov — 120
17. From the play *The Storm* by A. N. Ostrovsky — 131

18.	From the novel *Oblomov* by I. A. Goncharov	141
19.	From the novel *A Thousand Souls* by A. F. Pisemsky	151
20.	From the book *A Family Chronicle* by S. T. Aksakov	161
21.	From the tale *The Overcoat* by N. V. Gogol	171
22.	From the novel *The Hero of Our Times* by M. IU. Lermontov	180
23.	Abridgment of the tale *Snowstorm* by A. S. Pushkin	189
24.	*Snowstorm* (Conclusion)	200
	Word Index	210
	Topical Index	235

Contents

Preface

1. Из рома́на «Анна Каре́нина» Л. Н. Толсто́го.   1
2. «Анна Каре́нина» (Продолже́ние).   6
3. «Анна Каре́нина» (Продолже́ние).   11
4. «Анна Каре́нина» (Оконча́ние).   17
5. Сокраще́ние расска́за «Челове́к в футля́ре» А. П. Че́хова.   23
6. «Челове́к в футля́ре» (Продолже́ние).   29
7. «Челове́к в футля́ре» (Продолже́ние).   37
8. «Челове́к в футля́ре» (Оконча́ние).   45
9. Из рома́на «Отцы́ и де́ти» И. С. Турге́нева.   52
10. Из рома́на «Преступле́ние и наказа́ние» Ф. М. Достое́вского.   61
11. Из рома́на «Бра́тья Карама́зовы» Ф. М. Достое́вского.   69
12. Из кни́ги «Де́тство» М. Го́рького.   78
13. Из рома́на «До́ктор Жива́го» Б. Л. Пастерна́ка.   88
14. Из рома́на «Ти́хий Дон» М. А. Шо́лохова.   95
15. Из рома́на «Господа́ Головлёвы» М. Е. Салтыко́ва-Щедрина́.   107
16. Из рома́на «Соборя́не» Н. С. Леско́ва.   119

17. Из пьесы «Гроза́» А. Н. Остро́вского.	131
18. Из рома́на «Обло́мов» И. А. Гончаро́ва.	141
19. Из рома́на «Ты́сяча душ» А. Ф. Пи́семского.	151
20. Из кни́ги «Семе́йная хро́ника» С. Т. Акса́кова.	161
21. Из по́вести «Шине́ль» Н. В. Го́голя.	171
22. Из рома́на «Геро́й на́шего вре́мени» М. Ю. Ле́рмонтова.	180
23. Сокраще́ние по́вести «Мете́ль» А. С. Пу́шкина.	189
24. «Мете́ль» (Оконча́ние).	200
Word Index	210
Topical Index	235

Reading One

Verbs to Learn*

дви́гать, -аю, -аешь (also дви́жу, дви́жешь); дви́нуть, -ну, -нешь move (something). When parts of the body are involved, дви́гать usually commands the instrumental: дви́гать рука́ми/плеча́ми etc.

дви́гаться; дви́нуться   move (be in motion)

замеча́ть; заме́тить, -ме́чу, -ме́тишь   notice, observe

здоро́ваться; поздоро́ваться   greet

подходи́ть, -ожу́, -о́дишь; подойти́, -ойду́, -ойдёшь (past: подошёл, подошла́) (with preposition к and the dative) approach; (with dative without preposition) suit, be becoming

появля́ться, -я́юсь, -я́ешься; появи́ться, -явлю́сь, -я́вишься make one's appearance

улыба́ться, -а́юсь, -а́ешься; улыбну́ться, -ну́сь, -нёшься smile

успева́ть, -а́ю, -а́ешь; успе́ть, -е́ю, -е́ешь   do in time, have time to, (obsolete) succeed

* The stress of the last form cited indicates the pattern for the rest of the conjugation. The imperfective aspect is given before the perfective. Henceforth, unless otherwise indicated, verbs with infinitive in -ать will be considered as having their conjugation on the pattern of дви́гать or успева́ть with the same vowel stressed in the infinitive and present. Unless it is otherwise indicated, the stress of reflexive verbs will be considered the same as that of given corresponding nonreflexive verbs.

Reading One

ИЗ РОМА́НА «А́ННА КАРЕ́НИНА» (1878)*
ЛЬВА НИКОЛА́ЕВИЧА ТОЛСТО́ГО
(1828–1910)

Когда́ Алексе́й Алекса́ндрович появи́лся на ска́чках, Анна уже́ сиде́ла в бесе́дке[1] ря́дом[2] с Бе́тси, в той бесе́дке, где собира́лось всё вы́сшее о́бщество. Она́ уви́дала му́жа ещё издалека́. Два челове́ка,
5 муж и любо́вник, бы́ли для неё двумя́ це́нтрами жи́зни, и без по́мощи вне́шних чувств она́ чу́вствовала их бли́зость. Она́ ещё издалека́ почу́вствовала приближе́ние му́жа и нево́льно следи́ла за ним в тех волна́х толпы́, ме́жду кото́рыми он дви́гался. Она́
10 ви́дела, как он подходи́л к[3] бесе́дке, то снисходи́тельно отвеча́я на заи́скивающие покло́ны, то дружелю́бно, рассе́янно здоро́ваясь с ра́вными, то стара́тельно выжида́я взгля́да си́льных ми́ра и снима́я свою́ кру́глую большу́ю шля́пу. Она́ зна́ла
15 все э́ти приёмы, и все они́ ей бы́ли отврати́тельны. «Одно́[4] честолю́бие, одно́ жела́ние успе́ть — вот всё,

* Anna Karenina is unhappily married to the respectable Aleksei Aleksandrovich Karenin. She is in love with Vronsky, who will ride in the steeplechase about to take place. Betsy is a cousin of Vronsky and cousin-in-law of Anna.

[1] **бесе́дка**: shelter; a small covered structure for protection from the sun and rain, probably a pavilion in this case.

[2] **ря́дом с кем/чем**: next to somebody/something.

[3] **к** (used with dative): towards.

[4] **одно́**: only, nothing else but. **Оди́н** usually means "one," but note the following meanings: alone— Он совсе́м оди́н: he is quite alone; the same— Вы одного́ мне́ния со мной: You and I are of the same opinion; a, an, a certain— Ему́ сказа́л оди́н челове́к: a (certain) man told him. Some expressions— оди́н коне́ц: it can only end in one way; (about death) we all have to go some time; все до одного́: all without exception.

Анна Каренина 3

что есть в его́ душе́, — ду́мала она́, — а высо́кие соображе́ния, любо́вь к просвеще́нию, рели́гия, всё э́то — то́лько ору́дия для того́, чтоб успе́ть».

По[5] его́ взгля́дам на да́мскую бесе́дку она́ поняла́, что он иска́л её; но она́ наро́чно не замеча́ла его́.

— Алексе́й Алекса́ндрович! — закрича́ла ему́ княги́ня Бе́тси, — вы, ве́рно, не ви́дите жену́;[6] вот она́!

Он улыбну́лся свое́ю холо́дною улы́бкой.

— Здесь сто́лько бле́ска, что глаза́ разбежа́лись, — сказа́л он и пошёл в бесе́дку. Он улыбну́лся жене́, как до́лжен улыбну́ться муж, встреча́я жену́, с кото́рою он то́лько что ви́делся, и поздоро́вался с княги́ней и други́ми знако́мыми, возда́в ка́ждому до́лжное,[7] то есть пошути́в с да́мами и переки́нувшись[8] приве́тствиями с мужчи́нами. Внизу́ по́дле бесе́дки стоя́л уважа́емый Алексе́ем Алекса́ндровичем, изве́стный свои́м умо́м и образова́нием генера́л-адъюта́нт. Алексе́й Алекса́ндрович заговори́л[9] с ним.

---

[5] **по**: with the dative can have the meaning "as a result of, because of." Он не пришёл по боле́зни: he did not come because of illness.

[6] Despite the rule given in many grammars that the direct object of a verb in the negative should be in the genitive case, the accusative is often encountered in such constructions.

[7] **до́лжное**: what is due, befitting. In this meaning the neuter singular of до́лжный is a substantive. возда́в ка́ждому до́лжное: having given each his due.

[8] **переки́нувшись приве́тствиями с мужчи́нами**: having exchanged greetings with the men. переки́нуться is perfective, the imperative being переки́дываться.

[9] **заговори́ть**: begin to talk. The verbal prefix за- often signifies the beginning of an action, although the same meaning can be expressed by using нача́ть plus imperfective infinitive. за- is used with indeterminate verbs of motion (забе́гать, залета́ть, заходи́ть) to indicate the beginning of the

Отвéтьте по-рýсски:

1. Как Анна знáла, что муж приближáется?
2. Уважáла ли онá приёмы своегó мýжа?
3. По Анне, что бы́ло в душé мýжа?
4. Как вы дýмаете, Алексéй Алексáндрович привы́к улыбáться?

Translation into Russian

(With emphasis on the present tense of the verb)

1. When Karenin makes his appearance, Anna purposely does not notice him.
2. He greets the men and smiles to the women.
3. He moves in the waves of the crowd.
4. He often succeeds, but his desire to succeed is only revolting to Anna.

Hints on Stress

(Present tense of verb)

Most verbs with an infinitive ending in -ать or -ять have a fixed stress throughout the present (in our discussion of stress, the term "present" includes the "perfective future") and on the same vowel as in the infinitive: решáть, решáю, решáешь (decide); забывáть, забывáю, забывáешь (forget); стрелять, стреляю, стреляешь (shoot); дýмать, дýмаю, дýмаешь (think). However, there are certain other group patterns worthy of study.

A very important group is that with infinitives ending in -овать or less frequently -евать. In these the final -a- in the infinitive is usually stressed. In the present the -у- or -ю- immediately preceding the ending is usually stressed: волновáть, волнýю, волнýешь (excite); воевáть, воюю, воюешь (wage war).

---

action, but for the same purpose the prefix по- is used with determinate verbs (побежáть, пойти́).

Анна Каре́нина

Most verbs in -ать in which the final consonant of the stem undergoes mutation in the present (с-ш; з-ж; т-ч, щ; д-ж, жд; к-ч; г-ж; х-ш; ск, ст-щ; м-мл; п-пл; б-бл) have a fixed stress on the stem vowel: пла́кать, пла́чу, пла́чешь (weep). However, some verbs in this category have a mobile stress: on the final vowel in the infinitive and first singular of the present, but on the stem vowel in the rest of the present. Most important are the following: иска́ть, ищу́, и́щешь (seek); писа́ть, пишу́, пи́шешь (write); скака́ть, скачу́, ска́чешь (jump, gallop); хлопота́ть, хлопочу́, хлопо́чешь (take troubles); хохота́ть, хохочу́, хохо́чешь (laugh loudly); шепта́ть, шепчу́, ше́пчешь (whisper); мета́ть, мечу́, ме́чешь (throw); дрема́ть, дремлю́, дре́млешь (drowse); and топта́ть, топчу́, то́пчешь (trample). Also add here the -каза́ть verbs of the type доказа́ть, докажу́, -а́жешь (prove) such as заказа́ть (order), наказа́ть (punish), оказа́ть (render, show), отказа́ть (refuse), показа́ть (show, demonstrate), предсказа́ть (predict), приказа́ть (command), рассказа́ть (relate), сказа́ть (say), указа́ть (indicate).

Reading Two

Verbs to Learn

защищать; защитить, -щищу, -щитишь defend, speak in one's defense
мешать; помешать (used with dative) hinder, prevent
мучать (also мучить, -чу, -чишь) torment, harass
мучаться (also мучиться) suffer
обращать; обратить, -ащу, -атишь turn (something);
——— внимание: pay attention (used with на and accusative)
обращаться; обратиться turn (oneself); address (used with к and the dative); turn into (be transformed)
пропускать; пропустить, -ущу, -устишь miss, let pass, omit
развивать; развить, -зовью, -зовьёшь develop
спускать; спустить, спущу, спустишь lower
уважать respect

ИЗ РОМАНА «АННА КАРЕНИНА» (ПРОДОЛЖЕНИЕ)

Был промежуток между скачками, и потому ничто не мешало разговору. Генерал-адъютант осуждал скачки. Алексей Александрович возражал, защищая их. Анна слушала его тонкий, ровный голос, не пропуская ни одного слова, и каждое слово его казалось ей фальшиво и болью резало её ухо.

Когда началась четырёхвёрстная[1] скачка с препятствиями, она нагнулась вперёд и, не спуская глаз, смотрела на подходившего к лошади и садившегося Вронского и в то же время слышала этот отвратительный голос мужа. Она мучалась страхом

---
[1] **четырёхвёрстная:** four-verst (almost 2⅔ miles).

Анна Каре́нина 7

за Вро́нского, но ещё бо́лее му́чалась зву́ком то́нкого го́лоса му́жа с знако́мыми интона́циями.

«Я дурна́я же́нщина, я поги́бшая[2] же́нщина, — ду́мала она́, — но я не люблю́ лгать, я не переношу́ лжи, а *его́* (му́жа) пи́ща — э́то ложь. Он всё зна́ет, всё ви́дит; что́ же[3] чу́вствует, е́сли мо́жет так споко́йно говори́ть? Убе́й[4] он меня́, убе́й он Вро́нского, я бы уважа́ла его́. Но нет, ему́ нужны́ то́лько ложь и прили́чие», — говори́ла себе́ Анна, не ду́мая о том, чего́ и́менно она́ хоте́ла от му́жа, каки́м бы она́ хоте́ла его́ ви́деть. Она́ не понима́ла и того́,[5] что э́та ны́нешняя осо́бенная словоохо́тливость Алексе́я Алекса́ндровича, так раздража́вшая её, была́ то́лько выраже́нием его́ вну́тренней трево́ги и беспоко́йства. Он говори́л:

— Опа́сность в ска́чках вое́нных, кавалери́йских,[6] есть необходи́мое усло́вие ска́чек. Е́сли А́нглия мо́жет указа́ть в вое́нной исто́рии на са́мые блестя́щие[7] кавалери́йские дела́, то то́лько благодаря́

---

[2] **поги́бшая**: ruined, lost. The form is the past active participle of **поги́бнуть**: perish. Often, as here, participles (which are partly verbal, partly adjectival) reflect the end result of an action and are felt to be "pure" adjectives.

[3] **же** is often a particle which emphasizes the preceding word. In such usage it may have such translations as "then, indeed, the very" or none at all. Possible translations here could be "What, then, does he feel?" What, indeed, does he feel?" "But what does he feel?" "*What* does he feel?"

[4] **убе́й он меня́**: if he should kill me. **убе́й** is the second person singular imperative of **уби́ть**. The use of the second person form of the imperative with the third person, as here, can convey a meaning of supposition or desire.

[5] **то, что**: (the fact) that.

[6] **кавалери́йский**: cavalry (adjective).

[7] **блестя́щий**: brilliant.

тому, что она исторически[8] развивала в себе эту силу и животных и людей. Спорт, по моему мнению, имеет большое значение, и, как всегда, мы видим только самое поверхностное.

— Не поверхностное, — сказала княгиня Тверская. — Один офицер, говорят, сломал два ребра.

Алексей Александрович улыбнулся своею улыбкой, только открывавшею зубы, но ничего более не говорившею.

— Положим,[9] княгиня, что это не поверхностное, — сказал он, — но внутреннее. Но не в[10] том дело, — и он опять обратился к генералу, с которым говорил серьёзно, — не забудьте,[11] что скачут[12] военные, которые избрали эту деятельность, и согласитесь, что всякое призвание имеет свою оборотную[13] сторону медали. Это прямо входит в обязанности военного. Безобразный спорт кулачного боя или испанских[14] тореадоров есть признак варварства. Но специализованный[15] спорт есть признак развития.

[8] **исторически**: historically. From adjectives in -ский and -цкий are sometimes formed adverbs in -и such as дружески: in friendly fashion; молодецки: valiantly.

[9] **положим**: let us assume.

[10] **не в том/этом дело**: that's not the question.

[11] **забудьте**: forget. Imperative of **забыть**.

[12] **скачут**: are racing. The verb is скакать, скачу, скачешь: jump, gallop.

[13] **оборотная сторона медали**: dark (seamy) side. Literally: reverse side of the medal.

[14] **испанский тореадор**: Spanish toreador.

[15] **специализованный**: specialized. The usual form is специализированный.

Анна Каренина

Ответьте по-русски:

1. Приятно было Анне слушать мужа?
2. Когда началась скачка с препятствиями, на кого смотрела Анна?
3. Что мучало Анну?
4. Анна была недовольна мужем?
5. По Каренину спорт тореадоров признак развития?

Translation into Russian

(With emphasis on the imperative)

1. Never hinder our conversation!
2. Don't forget to pay attention to your wife today!
3. Always respect and defend women and children.
4. Suffer, if you wish.   There is no danger.
5. Listen when your father speaks to you!   Don't miss a single word!

Hints on Stress

(Present tense and imperative)

The majority of verbs with infinitive in -ать and -ять which lose the -а- or -я- in the stem of the present (the stem ending with the "hissers" ч, ж, or ш) have a fixed stress on the final syllable: молчать, -чу, -чишь: be silent; дрожать, -жу, -жишь: tremble; кричать, -чу, -чишь: shout; лежать, -жу, -жишь: lie; стучать, -чу, -чишь: knock.

But note three important exceptions: слышать, слышу, слышишь: hear; держать, держу, держишь: hold; дышать, дышу, дышишь: breathe.

Note also the two verbs бояться, боюсь, боишься: fear; стоять, стою, стоишь: be standing.

Verbs in -нять with first person singular in -иму (but not -йму) have mobile stress: обнять, обниму, обнимешь:

embrace; отня́ть, -ниму́, -ни́мешь: take away; подня́ть, -ниму́, -ни́мешь: lift; приня́ть, приму́, при́мешь: take, receive; снять, сниму́, сни́мешь: take away/off.

The verb дава́ть plus verbs ending in -дава́ть, -знава́ть, -става́ть form an important group of verbs in which the -ва- is lost in the stem of the present and in which the stress of the present is always final: дава́ть, даю́, даёшь: give; издава́ть, издаю́, издаёшь: publish; узнава́ть, узнаю́ узнаёшь: find out, recognize; встава́ть, встаю́, встаёшь: to get up.

The monosyllabic verbs in -ать have a highly divergent conjugation pattern in the present, but the stress is usually final. Note, however, гнать, гоню́, го́нишь: drive, chase; стать, ста́ну, ста́нешь: stand, become; стлать, стелю́, сте́лешь: spread.

The stress of the imperative (second person) will almost always be that of the first person singular of the present: чита́ю, чита́й, чита́йте; послу́шаю, послу́шай, послу́шайте; отве́чу, отве́ть, отве́тьте; говорю́, говори́, говори́те; по́мню, по́мни, по́мните; смотрю́, смотри́, смотри́те.

But note the following: боя́ться; бою́сь, бо́йся, бо́йтесь; петь: пою́, пой, по́йте; смея́ться: смею́сь, сме́йся, сме́йтесь.

Reading Three

Verbs to Learn

волнова́ть, -ну́ю, -ну́ешь; взволнова́ть, -ну́ю, -ну́ешь agitate, excite
волнова́ться; взволнова́ться be agitated, excited
дыша́ть, дышу́, ды́шишь breathe
зна́чить, -чу, -чишь mean, signify (usually used in third singular)
кла́няться, -яюсь, -яешься; поклони́ться, -оню́сь, -о́нишься bow (to), greet
молча́ть, -чу́, -чи́шь be silent
остана́вливать; останови́ть, -овлю́, -о́вишь stop (something)
остана́вливаться; останови́ться stop (oneself)
поднима́ть; подня́ть, -ниму́, -ни́мешь (past: по́днял, подняла́, по́дняло) lift, raise
поднима́ться; подня́ться (past: подня́лся,* -яла́сь, -яло́сь) rise, climb
прекраща́ть; прекрати́ть, -ащу́, -ати́шь stop (something), discontinue
прекраща́ться; прекрати́ться cease (come to an end)
пуска́ть; пусти́ть, пущу́, пу́стишь let, allow, set in motion, start off
стара́ться, -а́юсь, -а́ешься; постара́ться try, endeavour, attempt
шути́ть, шучу́, шу́тишь; пошути́ть joke

ИЗ РОМА́НА «А́ННА КАРЕ́НИНА» (ПРОДОЛЖЕ́НИЕ)

— Нет, я не пое́ду в друго́й раз; э́то меня́ сли́шком волну́ет, — сказа́ла княги́ня Бе́тси. — Не пра́вда ли, А́нна?

— Волну́ет, но нельзя́ оторва́ться, — сказа́ла

---

* When two stresses are given, it means that each occurs and is acceptable.

другáя дáма. — Если б я былá ри́млянка,[1] я бы не пропусти́ла ни одного́ ци́рка.

Áнна ничего́ не говори́ла и, не спускáя бино́кля, смотрéла в одно́ мéсто.

В э́то врéмя чéрез бесéдку проходи́л высо́кий генерáл. Прервáв[2] речь, Алексéй Алексáндрович поспéшно, но досто́йно[3] встал и ни́зко поклони́лся проходи́вшему воéнному.

— Вы не скáчете? — пошути́л ему́ воéнный.

— Моя́ скáчка труднéе, — почти́тельно отвечáл Алексéй Алексáндрович.

И хотя́ отвéт ничего́ не знáчил, воéнный сдéлал[4] вид, что получи́л у́мное сло́во от у́много человéка.

— Есть две стороны́, — продолжáл сно́ва Алексéй Алексáндрович, — исполни́телей и зри́телей; и любо́вь[5] к зре́лищам есть вернéйший при́знак ни́зкого разви́тия для зри́теля, я соглáсен, но...

— Княги́ня, пари́! — послы́шался сни́зу го́лос Степа́на Арка́дьича, обращáвшегося к Бéтси. — За кого́ вы дéржите?

— Мы[6] с Áнной за кня́зя Кузовлёва, — отвечáла Бéтси.

— Я за Вро́нского. Пáра перчáток.

— Идёт!

— А как краси́во, не прáвда ли?

---

[1] **ри́млянка**: Roman woman.

[2] **прервáв**: breaking off, interrupting. Past active participle of прервáть.

[3] **досто́йно**: in dignified fashion, properly.

[4] **дéлать вид**: pretend.

[5] **любо́вь к** + dative: love for ———.

[6] **Мы с Áнной**: Anna and I. In this construction the noun is considered a part of the pronoun "we," and only two people are involved. Мы с брáтом: My brother and I.

Анна Каренина 13

Алексей Александрович помолчал, пока говорили около него, но тотчас опять начал.

— Я согласен, но мужественные игры... продолжал было[7] он.

Но в это время пускали ездоков, и все разговоры прекратились, Алексей Александрович тоже замолк, и все поднялись и обратились к реке. Алексей Александрович не интересовался[8] скачками и потому не глядел на скакавших, а рассеянно стал обводить зрителей усталыми глазами. Взгляд его остановился на Анне.

Лицо её было бледно и строго. Она, очевидно, ничего и никого не видела, кроме одного. Рука её судорожно сжимала веер, и она не дышала. Он посмотрел на неё и поспешно отвернулся,[9] оглядывая другие лица.

«Да вот и эта дама и другие тоже взволнованы[10]; это очень натурально», сказал себе Алексей Александрович. Он хотел не смотреть на неё, но взгляд его невольно притягивался[11] к ней. Он опять вглядывался в это лицо, стараясь не читать того, что так ясно было на нём написано, и против воли с ужасом читал на нём то, чего он не хотел знать.

---

[7] **было** (unstressed). This particle is used with a verb in the past to indicate that an action begun or intended was not completed. It can often be translated by "was on the point of," "was about to," "nearly."

[8] **интересоваться**: be interested. The object of interest is rendered by the instrumental without preposition.

[9] **отвернуться**: turn away (from).

[10] **взволнованный**: agitated, excited.

[11] **притягиваться**: be attracted to, be drawn to.

Ответьте по-русски:

1. Скачки очень волновали княгиню Бетси?
2. По Каренину, лучше быть исполнителем или зрителем?
3. Когда пускали ездоков, разговоры продолжались?
4. На кого смотрела Анна?
5. На кого смотрел Каренин?
6. Анна была спокойна?

Translation into Russian

(With emphasis on the past tense of the verb)

1. The women were much interested in the races and were greatly excited.
2. Anna did not say anything. She not only was silent; she did not breathe.
3. Suddenly everybody stopped their conversation and rose.
4. When he caught sight of the general, Karenin greeted him.
5. After the general had joked, Karenin replied, but what he said meant nothing.
6. When Karenin looked at his wife, he tried not to be excited.

Hints on Stress

(Past tense of verb)

Almost all prefixless verbs which have two or more syllables in the infinitive stress the same vowel in the infinitive and the past (throughout): писа́ть, писа́л, -а́ла, -а́ло, -а́ли; дро́гнуть, дро́гнул, дро́гнула, дро́гнуло, дро́гнули.

Анна Каре́нина

Verbs whose infinitive is monosyllabic have three possible stress patterns:

(1) Stress on the stem throughout: бить, бил, би́ла, би́ло, би́ли; есть, ел, е́ла...; класть, клал, кла́ла...; красть, крал, кра́ла; сесть, сел, се́ла...; стать, стал, ста́ла....

(2) Stress on the stem except in the feminine singular where it is final: брать, брал, брала́, бра́ло, бра́ли. Likewise for быть,'взять, вить, врать, гнать, гнить, дать, драть, ждать, жить, жрать, звать, клясть, лгать, лить, пить, плыть, рвать, снять, спать, ткать. Incidentally, with the exception of быть, гнать, снять, and спать all these verbs have present endings of the type -у́/-ю, -ёшь, such as брать, беру́, берёшь; вить, вью, вьёшь.

Many compound verbs based on the above verbs follow the same stress pattern. As examples notice влить, догна́ть, избра́ть, изда́ть, назва́ть, подорва́ть, посла́ть, прерва́ть, развить, разобра́ть, разорва́ть, сдать, собра́ть, созва́ть, убра́ть. However, the reflexive verbs corresponding to the mentioned verbs do *not* follow the same pattern but rather stress the stem in the masculine singular and the ending elsewhere (for some of these verbs some alternative stresses are also permissible): бра́ться, бра́лся, брала́сь, брало́сь, брали́сь; развиться, -ви́лся, -ла́сь, -ло́сь, -ли́сь.

(3) Stress on final syllable throughout: лечь, лёг, легла́, легло́, легли́; мочь, мог, могла́, могло́, могли́.

When the past of быть, дать, жить, пить is preceded by не, the stress is attracted one syllable forward to не except for the feminine which would have had to jump two syllables but actually remains unaffected: не́ был, не́ было, не́ были, *but* не была́.

Verbs with infinitive in -ти have final stress in the past: нести́, нёс, несла́...; вести́, вёл, вела́...; трясти́, тряс, трясла́...; везти́, вёз, везла́...; расти́, рос, росла́....

Verbs with infinitive in -чь (with stem in -г- or -к-) usually have final stress in the past: бере́чь, берёг, берегла́...; лечь, лёг, легла́...; мочь, мог, могла́...; печь, пёк, пекла́...; течь, тёк, текла́. But note дости́чь, дости́г, дости́гла...; стричь, стриг, стри́гла....

Some verbs with a prefix stress the prefix (initial syllable) in all forms except the feminine singular, which has a final stress: переда́ть, пе́редал, передала́, пе́редало, пе́редали.

Other examples: дожи́ть, зада́ть, замере́ть (за́мер, замерла́...), заня́ть, запере́ть (за́пер, заперла́...), нажи́ть, наня́ть, нача́ть, обня́ть, отда́ть, отня́ть, пода́ть, подня́ть, пожи́ть, поня́ть, преда́ть, прибы́ть, прида́ть, приня́ть (likewise предприня́ть), пробы́ть, прода́ть (likewise распрода́ть), прокля́сть, созда́ть, умере́ть (у́мер, умерла́...). Note also добы́ть, до́был, добыла́, до́было, до́были; пережи́ть, пе́режил, пережила́, пе́режило, пе́режили; поли́ть, по́лил, полила́, по́лило, по́лили.

For this latter group of verbs with a prefix the corresponding reflexive verbs stress the ending except in the masculine singular, which, in standard speech, stresses the stem or ending (sometimes either is permissible) but not the prefix; e.g., нача́ться, начался́, начала́сь, -ло́сь, -ли́сь; подня́ться, подня́лся, -ла́сь, -ло́сь, -ли́сь. For other verbs there also seems to be a strong tendency for reflexive verbs with a prefix to have a final stress in all except perhaps the masculine singular; e.g., разви́ться, -ви́лся, -ла́сь.

When the past feminine singular has final stress, the feminine short form of the past passive participle (see later) also seems to have final stress; e.g., взяла́ – взята́; развила́ – развита́.

Notice also that as in the case of the short forms of the adjective (to be discussed later), the stress of the plural is that of the neuter singular: бра́ло, бра́ли; могло́, могли́.

Reading Four

Verbs to Learn

выража́ть; вы́разить, -ажу, -азишь   express, manifest
опуска́ть; опусти́ть, -ущу́, -у́стишь   lower
остава́ться, -таю́сь, -таёшься; оста́ться, -а́нусь, -а́нешься   stay, remain
оставля́ть,* -я́ю, -я́ешь; оста́вить, -влю, -вишь   leave, abandon
предлага́ть; предложи́ть, -ожу́, -о́жишь   offer, propose, suggest
приноси́ть, -ошу́, -о́сишь; принести́, -су́, -сёшь (past: принёс, принесла́)   bring
происходи́ть, -ожу́, -о́дишь; произойти́, произойдёт (past: произошёл, -зошла́). (Only the third person singular, given here, is apt to occur in the perfective future.)   take place, be descended from
разбира́ть; разобра́ть, разберу́, разберёшь (past: разобра́л, -ала́, -а́ло)   make out, distinguish, disassemble
сади́ться, сажу́сь, сади́шься; сесть, ся́ду, ся́дешь (past: сел, се́ла)   sit down
станови́ться, -овлю́сь, -о́вишься; стать, ста́ну, ста́нешь   stand, become; (perfective followed by imperfective infinitive) begin

ИЗ РОМА́НА «А́ННА КАРЕ́НИНА» (ОКОНЧА́НИЕ)

Пе́рвое паде́ние Кузовлёва на реке́ взволнова́ло всех, но Алексе́й Алекса́ндрович ви́дел я́сно на бле́дном, торжеству́ющем лице́ Анны, что тот, на

---

* Henceforth, unless otherwise indicated, verbs with the infinitive in -ять will be considered as having their present conjugation on the basis of оставлять with the same vowel stressed in the infinitive and present.

кого она смотрела, не упал. Когда после[1] того, как Махотин и Вронский перескочили большой барьер, следующий офицер упал тут же на голову и разбился[2] замертво, и шорох ужаса пронёсся по
5 всей публике, Алексей Александрович видел, что Анна даже не заметила этого и с трудом поняла, о чём заговорили вокруг. Но он всё[3] чаще и чаще, и с бо́льшим упорством вглядывался в неё. Анна,
10 вся поглощённая[4] зрелищем скакавшего Вронского, почувствовала сбоку[5] устремлённый[6] на себя взгляд холодных глаз своего мужа.

[1] **после того, как**: after. This construction renders the English conjunction "after" used to introduce dependent clauses.

[2] **разбился замертво**: seemed mortally hurt by the fall. Разбиться usually means "to be broken into pieces" but can also indicate injury through a fall.

[3] **всё чаще и чаще**: more and more often. The adverb всё with the comparative denotes intensification or increasing frequency. In other cases it means "always, continually, still." Он всё улыбается: He keeps on smiling.

[4] **поглощённый**: absorbed, engrossed. An adjective formed from the past passive participle of поглотить. Verbs with infinitive in -тить often have past passive participle in -щенный/-щённый: пропустить, пропущенный; простить, прощённый. Notice that some verbs, especially in -етить, have their past passive participle in -ченный: ответить, отвеченный; заметить, замеченный; встретить, встреченный; метить, меченный; платить, плаченный; тратить, траченный.

[5] **сбоку**: on/from one side.

[6] **устремлённый**: directed. This is the past passive participle of устремить. Verbs in -ить with stem ending in -б, -в, -п, -ф, -м insert an -л- both in the first person singular of the present and in all forms of the past passive participle: влюбить, влюблённый; приготовить, приготовлю, приготовленный; купить, куплю, купленный; графить, графлю, графлённый; кормить, кормлю, кормленный.

Анна Каренина

Она оглянулась на мгновение, вопросительно посмотрела на него и, слегка нахмурившись, опять отвернулась.

— Ах, мне всё равно, — как будто сказала она ему и уже более ни разу не взглядывала на него.

Скачки были несчастливы, и из семнадцати человек попадало[7] и разбилось больше половины. К концу скачек все были в волнении.

Все громко выражали своё неодобрение, и ужас чувствовался всеми, так что, когда Вронский упал и Анна громко ахнула, в этом не было ничего необыкновенного. Но вслед затем в лице Анны произошла перемена. Она совершенно потерялась.[8] Она стала биться,[9] как пойманная птица: то хотела встать и идти куда-то,[10] то обращалась к Бетси.

— Поедем, поедем, — говорила она.

Но Бетси не слыхала[11] её. Она говорила с подошедшим к ней генералом.

Алексей Александрович подошёл к Анне и учтиво подал ей руку.

— Пойдёмте,[12] если вам угодно, — сказал он

---

[7] **попадать**: fall in quantity or one after the other. The stress distinguishes this from попадать: hit, chance upon.

[8] **Она совершенно потерялась**: she lost complete control of herself.

[9] **биться**: struggle, tremble.

[10] **куда-то**: somewhere (somewhither).

[11] **слыхать**: hear. The usual verb is слышать.

[12] **пойдёмте**: let's go. The -те is added when the person addressed would be addressed as вы rather than ты. The use of the polite form by Karenin in addressing his wife indicates their strained relations; earlier in the novel he had addressed her as ты.

по-францу́зски[13]; но Анна прислу́шивалась к тому́, что говори́л генера́л, и не заме́тила му́жа.

— То́же слома́л но́гу, — говоря́т, — говори́л генера́л. — Э́то[14] ни на что не похо́же.

Анна, не отвеча́я му́жу, подняла́ бино́кль и смотре́ла на то ме́сто, где упа́л Вро́нский; но бы́ло так далеко́, и там столпи́лось сто́лько наро́да, что ничего́ нельзя́ бы́ло разобра́ть. Она́ опусти́ла бино́кль.

— Я ещё раз предлага́ю вам свою́ ру́ку, е́сли вы хоти́те идти́, — сказа́л Алексе́й Алекса́ндрович.

Она́ с отвраще́нием отстрани́лась[15] от него́ и, не взгляну́в[16] ему́ в лицо́, отвеча́ла:

— Нет, нет, оста́вьте меня́, я оста́нусь.

Она́ ви́дела тепе́рь, что от ме́ста паде́ния Вро́нского че́рез круг бежа́л офице́р к бесе́дке. Офице́р принёс изве́стие, что ездо́к не уби́лся, но ло́шадь слома́ла себе́ спи́ну.

Услыха́в э́то, Анна бы́стро се́ла и закры́ла лицо́ ве́ером. Алексе́й Алекса́ндрович ви́дел, что она́ пла́кала и не могла́ удержа́ть не то́лько слёз, но и рыда́ний,[17] кото́рые поднима́ли её грудь. Алексе́й Алекса́ндрович загороди́л её собо́ю, дава́я ей вре́мя опра́виться.

— В тре́тий раз предлага́ю вам свою́ ру́ку, — сказа́л он чрез не́сколько вре́мени, обраща́ясь к ней.

Анна смотре́ла на него́ и не зна́ла, что сказа́ть.

[13] **по-францу́зски:** in French.

[14] **Э́то ни на что не похо́же:** There's never been anything like this.

[15] **отстрани́ться:** move away.

[16] **взгляну́в ему́ в лицо́:** looking at him. Strictly speaking, **взгляну́в** is a past adverbial participle, but it is often awkward to translate this form into English without using the English *present* form.

[17] **рыда́ние:** sob, sobbing.

Анна Каре́нина

Отве́тьте по-ру́сски:

1. Мно́го ездоко́в упа́ли?
2. Что сде́лала Анна, когда́ Вро́нский упа́л?
3. Она́ беспоко́илась?
4. Что предложи́л жене́ Алексе́й Алекса́ндрович?
5. Она́ согласи́лась пойти́ с ним?
6. Вро́нский был уби́т?
7. Когда́ Анна узна́ла, что Вро́нский ещё жив, смея́лась ли она́?
8. Когда́ её муж предложи́л ру́ку в тре́тий раз, что сде́лала Анна?

Translation into Russian

(With emphasis on conditional sentences)

1. If Anna had looked at her husband, she would have noticed that he was looking at her almost all the time.
2. If I should offer her my hand, perhaps she would go with me.
3. If Vronsky should fall, what would she do?
4. If the people do not sit down, it will be impossible to make out anything.
5. If she were not to see Vronsky, she would lower her binoculars.
6. If Vronsky falls, a change will take place in her face.
7. If the officer is bringing the news that Vronsky is alive, will Anna remain?
8. If Anna should weep, what would Karenin do?

Hints on Stress

(Present of verb)

For verbs with the infinitive in -ить and the third person plural of the present in -ят/-ат the stress in the present may be fixed or mobile.

In the fixed-stress type the stress may be on either the ending or the syllable preceding the ending: говори́ть, говорю́, говори́шь; уда́рить, уда́рю, уда́ришь. Exceptions are some verbs formed from nouns: со́вестить; со́веститься (from со́весть).

For the mobile-stress verbs the first person singular (also the infinitive) has final stress, but the other forms stress the stem vowel: получи́ть, получу́, полу́чишь; проси́ть, прошу́, про́сишь.

From the preceding it is clear that when the stress is *not* final for the infinitive or first person singular, then the stress remains fixed.

Here is a list of important verbs with mobile stress in the present endings, such as ходи́ть, хожу́, хо́дишь (the first and second person singular forms are given in the index): буди́ть, вари́ть, води́ть, вози́ть, гаси́ть, дави́ть, дели́ть, дразни́ть, души́ть, жени́ть, кати́ть, корми́ть, коси́ть (when it means to "mow" but *not* to "squint"), купи́ть, кури́ть, лечи́ть, лови́ть, люби́ть, моли́ть, носи́ть, плати́ть, получи́ть, появи́ться, предположи́ть, проси́ть, пусти́ть, руби́ть, серди́ться, служи́ть, станови́ться, ступи́ть, суди́ть, схвати́ть, торопи́ть, учи́ть, хвали́ть, ходи́ть, цени́ть, шути́ть, яви́ться. It is probable that verbs derived from the above by the addition of a prefix will continue the same stress, as with разбуди́ть, уноси́ть, поступи́ть. Notice also the -ложи́ть and -мени́ть verbs such as доложи́ть, отложи́ть, положи́ть, предположи́ть; замени́ть, обмени́ть, перемени́ть, смени́ть.

Reading Five

Verbs to Learn

вынима́ть; вы́нуть, -ну, -нешь   take out, pull out
запреща́ть; запрети́ть, -рещу́, -рети́шь   forbid, prohibit
наблюда́ть   observe, watch
наблюда́ться   be observed, be watched, occur
окружа́ть; окружи́ть, -жу́, -жи́шь   surround
представля́ть; предста́вить, -влю, -вишь   present, represent, introduce (somebody); ──── себе́: imagine; ──── собо́й: be
прика́зывать; приказа́ть, -ажу́, -а́жешь   order
произноси́ть, -ошу́, -о́сишь; произнести́, -су́, -сёшь (past: -ёс, -есла́)   pronounce
создава́ть, -даю́, -даёшь; созда́ть, -да́м, -да́шь, -да́ст, -дади́м, -дади́те, -даду́т (past: со́здал, -ала́, со́здало)   create
стесня́ть; стесни́ть, -ню́, -ни́шь   hinder, embarrass, make uncomfortable
стесня́ться   feel embarrassed, ashamed
узнава́ть, -наю́, -наёшь; узна́ть   find out, learn, recognize
устра́ивать; устро́ить, -ою, -оишь   arrange, organize
умира́ть; умере́ть, умру́, умрёшь (past: у́мер, умерла́, у́мерло)   die
хвали́ть, хвалю́, хва́лишь; похвали́ть   praise

СОКРАЩЕ́НИЕ РАССКА́ЗА «ЧЕЛОВЕ́К В ФУТЛЯ́РЕ» (1898) АНТО́НА ПА́ВЛОВИЧА ЧЕ́ХОВА (1860–1904)

SHELL

Ме́сяца два[1] наза́д[2] у́мер у[3] нас в го́роде не́кий

[1] **ме́сяца два:** about two months. When the numeral follows the noun, it expresses an approximation.
[2] **наза́д:** ago. The usual expression is тому́ наза́д.
[3] **у нас в го́роде:** in our town. The genitive with у can indicate possession, the translation depending on the context. The familiar construction is with a noun in the nominative

Бе́ликов, учи́тель гре́ческого[4] языка́. Он был замеча́телен тем, что всегда́, да́же в о́чень хоро́шую пого́ду, выходи́л в кало́шах и с зо́нтиком и непреме́нно в тёплом пальто́[5] на ва́те. И зо́нтик у него́ был в чехле́ и часы́ в чехле́ из[6] се́рой за́мши, и когда́ вынима́л перочи́нный нож, что́бы очини́ть каранда́ш, то и[7] нож у него́ был в чехо́льчике[8]; и лицо́, каза́лось, то́же бы́ло в чехле́, так как он всё вре́мя пря́тал его́ в по́днятый воротни́к. Он носи́л тёмные очки́, фуфа́йку, у́ши закла́дывал ва́той, и когда́ сади́лся[9] на изво́зчика, то прика́зывал поднима́ть верх. Одни́м сло́вом, у э́того челове́ка наблюда́лось постоя́нное и непреодоли́мое стремле́ние окружи́ть себя́ оболо́чкой, созда́ть себе́, так сказа́ть, футля́р, кото́рый уедини́л бы его́, защити́л бы от вне́шних влия́ний. Действи́тельность раздража́ла его́, пуга́ла, держа́ла в постоя́нной трево́ге, и, быть мо́жет, для того́, что́бы оправда́ть э́ту свою́ ро́бость,[10] своё отвраще́ние к настоя́щему, он всегда́

---

case: у меня́ кни́га: I have a book. Notice the construction я взял у него́ кни́гу: I took a book (that is, his book) from him.

[4] гре́ческий: Greek.

[5] пальто́ на ва́те: wadded coat.

[6] из се́рой за́мши: of grey chamois.

[7] и: even. When и is obviously not the coordinating conjunction "and," it is probably the particle which emphasizes the following word and which should usually be translated as "even" or "also."

[8] чехо́льчик: little case.

[9] сади́лся на изво́зчика: he sat down in the cab. Изво́зчик usually refers to the cab driver himself, but it may also designate the cab with its driver. This is a perplexing construction. The literal translation appears to be "He sat down upon the cab driver."

[10] ро́бость: timidity.

Человек в футляре 25

хвалил прошлое и то, чего никогда не было; и древние языки, которые он преподавал, были для него, в сущности, те же калоши и зонтик, куда он прятался[11] от действительной жизни.

— О, как звучен, как прекрасен греческий язык! — говорил он со сладким выражением; и как бы в доказательство своих слов, прищуривал глаза и, подняв палец, произносил: — Антропос![12]

И мысль свою Беликов также старался запрятать в футляр. Для него были ясны только циркуляры и газетные статьи, в которых запрещалось что-нибудь. Когда в циркуляре запрещалось ученикам выходить на улицу после девяти часов вечера или в какой-нибудь статье запрещалась плотская любовь, то это было для него ясно, определённо; запрещено — и баста. В разрешении же и позволении скрывался для него всегда элемент сомнительный, что-то недосказанное[13] и смутное. Когда в городе разрешали драматический кружок,[14] или читальню, или чайную, то он покачивал[15] головой и говорил тихо:

— Оно, конечно, так-то так,[16] всё это прекрасно, да как[17] бы чего не вышло.

---

[11] **прятался**: hid himself.

[12] **антропос**: the Russian equivalent for the Greek *anthropos*, signifying "man." The Greek "th" is usually represented by т in Russian: теология: theology. Occasionally "th" is represented by ф: Фёдор: Theodore.

[13] **недосказанное**: incompletely expressed.

[14] **кружок**: club, society.

[15] **покачивал головой**: he shook his head.

[16] **так-то так**: indisputable.

[17] **как бы чего не вышло**: if only something doesn't happen. Colloquially как may mean "if," and что may mean "something."

Мы, учителя, боялись его. И даже директор боялся. Вот[18] подите же, наши учителя народ всё мыслящий, глубоко[19] порядочный, воспитанный на Тургеневе и Щедрине,[20] однако же этот человек, ходивший всегда в калошах и с зонтиком, держал в руках всю гимназию целых пятнадцать лет! Да[21] что[22] гимназию? Весь город! Наши дамы по субботам домашних спектаклей не устраивали, боялись,[23] как бы он не узнал; и духовенство стеснялось при нём кушать скоромное[24] и играть в карты. Под влиянием таких людей, как Беликов, за[25] последние десять — пятнадцать лет в нашем городе стали бояться всего. Бояться громко говорить, посылать письма, знакомиться, читать книги, бояться помогать бедным, учить грамоте...

И этот учитель греческого языка, этот человек в футляре, можете себе представить, едва не[26] женился.

Ответьте по-русски:

1. Какой язык преподавал Беликов?
2. В какую погоду он выходил в калошах и с зонтиком?

---

[18] **вот подите же**: just imagine.

[19] **глубоко порядочный**: highly honorable.

[20] **Щедрин**: Shchedrin, the pen name of Mikhail Evgrafovich Saltykov, a leading Russian satirist. He is often known as Saltykov-Shchedrin.

[21] **да**: as here, sometimes means "but."

[22] **что**: why talk about.

[23] **боялись, как бы он не узнал**: were afraid that he might find out.

[24] **скоромное**: food forbidden during Lent.

[25] **за**: with the accusative may mean "during."

[26] **едва не**: almost.

Человек в футляре

3. Бе́ликов интересова́лся всей жи́знью о́коло себя́?
4. Как он относи́лся к действи́тельности?
5. Он предпочита́л запреще́ние или разреше́ние?
6. Кто боя́лся его́?
7. Кто едва́ не жени́лся?

Translation into Russian

(With emphasis on clauses with что́бы and бы . . . ни)

1. We did not want Belikov to find out.
2. He surrounded himself with a case in order to protect himself from reality.
3. He wanted almost everything to be prohibited.
4. People were afraid to do anything in his presence in order not to feel ashamed.
5. Whatever might be authorized in the town was questionable for Belikov.
6. Whoever might live in the town feared Belikov.
7. Wherever he went he made people uncomfortable.

Hints on Stress

(Present of verb)

In the majority of cases verbs with infinitive ending in -еть and with the third person plural of the present ending in -еют have a fixed stress on the vowel е preceding the ending: беле́ть, беле́ю, беле́ешь....

Verbs with infinitive in -еть which lose the -е- in the present and which have the third person plural ending -ят have a fixed stress, which is final in the infinitive and on the ending throughout the present: шуме́ть, шумлю́, шуми́шь; лете́ть, лечу́, лети́шь.

These are exceptions: ви́деть, ви́жу, ви́дишь; оби́деть, оби́жу, оби́дишь (offend); верте́ть, верчу́, ве́ртишь (turn round); смотре́ть, смотрю́, смо́тришь; терпе́ть, терплю́, те́рпишь. Also note хоте́ть, хочу́, хо́чешь, хо́чет, хоти́м, хоти́те, хотя́т.

All five verbs with infinitive in -оть(ся) have mobile stress: коло́ть, колю́, ко́лешь; поро́ть, порю́, по́решь; моло́ть, мелю́, ме́лешь; боро́ться, борю́сь, бо́решься; поло́ть, полю́, по́лешь.

Reading Six

Verbs to Learn

вспомина́ть; вспо́мнить, -ню, -нишь recollect, recall, remember

выходи́ть, -ожу́, -о́дишь; вы́йти, вы́йду, вы́йдешь (past: вы́шел, вы́шла) go out, come out, happen
  выходи́ть (идти́) за́муж (used with за and accusative) become married to a man

жени́ть, женю́, же́нишь (may be both imperfective and perfective) to join a man in marriage (пожени́ть is used colloquially as the perfective.)

жени́ться, женю́сь, же́нишься (may be both imperfective and perfective) become married to a woman (The perfective пожени́ться is used colloquially, only in the plural, to denote the act of a couple's marrying with no special emphasis on either party.)

называ́ть; назва́ть, -зову́, -зовёшь (past: -а́л, -ала́, -а́ло) name, call by name

называ́ться; назва́ться be called

напомина́ть; напо́мнить, -ню, -нишь remind, recall

ока́зывать; оказа́ть, -ажу́, -а́жешь render, show

ока́зываться; оказа́ться turn out, be found, find oneself

относи́ться, -ошу́сь, -о́сишься; отнести́сь, -су́сь, -сёшься (past: отнёсся, отнесла́сь) be in relations with, react (to), concern

поясня́ть; поясни́ть, -ню́, ни́шь explain, make clear

принима́ть; приня́ть, приму́, при́мешь (past: при́нял, приняла́, при́няло) take, receive, accept; ——— во внима́ние: take into consideration

принима́ться; приня́ться (past: -ня́лся, -няла́сь) begin, undertake

реша́ть; реши́ть, -шу́, -ши́шь decide, solve

тре́бовать, -бую, -буешь; потре́бовать demand, require

уверя́ть; уве́рить, -рю, -ришь assure, convince

уверя́ться; уве́риться be convinced

хохота́ть, хохочу́, хохо́чешь laugh loudly

«ЧЕЛОВЕ́К В ФУТЛЯ́РЕ» (ПРОДОЛЖЕ́НИЕ)

Да, едва́ не жени́лся, как[1] э́то ни стра́нно. Назна́чили к нам но́вого учи́теля исто́рии и геогра́фии, не́коего[2] Ковале́нка,[3] Михаи́ла Са́ввича, из хохло́в.[4] Прие́хал он не оди́н, а с сестро́й Ва́ренькой. Он
5 молодо́й, высо́кий, сму́глый, с грома́дными рука́ми, и по лицу́ ви́дно, что говори́т ба́сом, и в са́мом де́ле, го́лос как из бо́чки: бу-бу-бу... А она́ уже́ не молода́я, лет тридцати́, но то́же высо́кая, стро́йная, чернобро́вая,[5] краснощёкая, — одни́м сло́вом, не
10 деви́ца, а мармела́д,[6] и така́я разби́тная, шу́мная, всё поёт малоросси́йские[7] рома́нсы и хохо́чет. Чуть[8] что, так и зальётся[9] голоси́стым сме́хом: ха-ха-ха! Пе́рвое, основа́тельное знако́мство с Ковале́нками у нас произошло́ на имени́нах у дире́к-

---

[1] **как э́то ни стра́нно:** however strange this might be (seem). With certain pronouns and adverbs the particle **ни** corresponds in meaning to the English suffix *-ever* and denotes application to any possible persons, things, events, etc. It is often used with the conditional: во что бы то ни ста́ло: at whatever it might cost; i.e., at all costs.

[2] **не́коего:** a certain. This is the genitive of the pronoun не́кий, a literary word. The usual word is како́й-то.

[3] Proper names of Ukrainian origin in -енко and -ко such as Короле́нко, Фра́нко are masculine and usually indeclinable in Russian.

[4] **из хохло́в:** of the Ukrainians; i.e., a Ukrainian. The term хохо́л is used in jest or derision. The dictionary of Ushakov labels it a "prerevolutionary" word.

[5] **чернобро́вая:** dark-browed.

[6] **мармела́д:** literally means "marmalade" but is used jokingly to express admiration or praise.

[7] **малоросси́йский:** Little Russian; i.e., Ukrainian.

[8] **чуть что:** for the slightest reason.

[9] **зальётся голоси́стым сме́хом:** she would burst out into noisy laughter.

Человек в футляре 31

тора. Она спела с чувством «Вию́т[10] ви́тры», потом ещё рома́нс, и ещё, и всех нас очарова́ла, — всех, даже Бе́ликова. Он подсе́л[11] к ней и сказа́л, сла́дко улыба́ясь:

— Малороссийский язык своею нежностью и 5 приятною звучностью напоминает древнегреческий.[12]

Это польсти́ло ей, и она стала расска́зывать ему с чу́вством и убеди́тельно, что в Гадя́чском[13] уе́зде у неё есть ху́тор, а на ху́торе живёт ма́мочка,[14] и там 10 таки́е гру́ши, таки́е ды́ни, таки́е кабаки́! У хохло́в ты́квы называ́ются кабака́ми, а кабаки́ шинка́ми, и варят у них борщ «тако́й вку́сный, тако́й вку́сный, что просто — у́жас!»[15]

Слу́шали мы, слу́шали, и вдруг всех нас[16] осени́ла 15 одна и та же[17] мысль.

— А хорошо́[18] бы их пожени́ть, — ти́хо сказа́ла мне дире́кторша.[19]

Мы все почему́-то[20] вспомнили, что наш Бе́ликов не жена́т, и нам тепе́рь каза́лось стра́нным, что мы 20

---

[10] «Вию́т ви́тры» (Ukrainian): the breezes gently blow.

[11] подсе́л: sat down near.

[12] древнегре́ческий: ancient Greek.

[13] Гадя́чский уе́зд: Gadyach District.

[14] ма́мочка: mamma.

[15] у́жас: wonderful. This colloquial meaning is the opposite of the basic meaning of у́жас: horror, how awful.

[16] нас осени́ла: there dawned upon us.

[17] та́ же: the same. то́т (declined) + же = the same.

[18] хорошо́ бы: it would be good. The particle бы is usually used with the past of the verb but may also be used with a predicative adverb (as here) or with an infinitive: Нам бы домо́й пое́хать: Perhaps we should go home.

[19] дире́кторша: director's wife. The suffix -ша denotes the wife-; инспе́кторша: the inspector's wife.

[20] почему́-то: for some unknown reason.

до сих пор как-то[21] не замечали, совершенно упускали[22] из виду такую важную подробность в его жизни. Как вообще он относится к женщине, как он решает для себя этот насущный[23] вопрос? Раньше это не интересовало нас вовсе; быть может, мы не допускали даже и мысли, что человек, который во[24] всякую погоду ходит в калошах и спит под[25] пологом, может любить.

— Ему давно уже за сорок, а ей тридцать... — пояснила свою мысль директорша. — Мне кажется, она бы за него пошла.

Чего только[26] не делается у нас в провинции от скуки, сколько ненужного, вздорного! И это потому, что совсем не делается то, что нужно. Ну[27] вот к[28] чему нам вдруг понадобилось женить этого Беликова, которого даже и вообразить нельзя было женатым? Директорша, инспекторша и все наши гимназические дамы ожили, даже похорошели, точно[29] вдруг увидели цель жизни. Директорша берёт в театре ложу, и смотрим — в её ложе сидит Варенька с этаким веером, сияющая, счастливая, и

[21] **как-то**: somehow.
[22] **упускать из виду**: lose sight of.
[23] **насущный**: vital.
[24] **во всякую погоду**: in all sorts of weather.
[25] **под пологом**: under a bed curtain.
[26] **только** may be used as an intensifying particle after interrogative pronouns and adverbs. The translation here could be "what, then" or "what, indeed."
[27] **ну вот**: well, then. Вот is a particle which points out something or somebody visible or which calls attention to that about which one is about to say something. It can also emphasize the following word. Its uses are highly idiomatic.
[28] **к чему**: for what purpose.
[29] **точно**: as if.

Человек в футляре

рядом с ней Беликов, маленький, скрюченный,[30] точно его из дому клещами вытащили. Я даю вечеринку,[31] и дамы требуют, чтобы я непременно пригласил Беликова и Вареньку. Одним словом, заработала[32] машина. Оказалось, что Варенька не прочь[33] была замуж. Жить ей у брата было не[34] очень-то весело, только[35] и знали, что по целым дням спорили и ругались.[36] Такая жизнь, вероятно, наскучила, хотелось своего угла, да и возраст принять во внимание; тут уж перебирать некогда,[37] выйдешь[38] за кого[39] угодно, даже за учителя греческого языка. И[40] то сказать, для большинства наших барышень за кого ни выйти, лишь бы выйти. Как бы ни было, Варенька стала оказывать нашему Беликову явную благосклонность.

А Беликов? Он и к Коваленку ходил так же, как к нам. Придёт к нему, сядет и молчит. Он молчит, а Варенька поёт ему «Вьют витры», или глядит на него задумчиво своими тёмными глазами, или вдруг зальётся:

— Ха-ха-ха!

В любовных делах, а особенно в женитьбе,

---

[30] **скрюченный**: bent up.
[31] **вечеринка**: evening party.
[32] **заработала**: began to work.
[33] **не прочь была замуж**: was ready for marriage.
[34] **не очень-то весело**: not at all very gay.
[35] **только и знали, что**: they didn't do anything else but.
[36] **ругались**: cursed each other.
[37] **некогда**: there is no(t) time.
[38] The word **замуж** is understood.
[39] **кого угодно**: anyone at all. The particle **угодно** may be used after interrogative pronouns and some interrogative adverbs in the sense of "any whatsoever."
[40] **И то сказать**: And, as a matter of fact.

внуше́ние игра́ет большу́ю роль. Все — и това́рищи и да́мы — ста́ли уверя́ть Бе́ликова, что он до́лжен жени́ться, что ему́ ничего́ бо́льше остаётся в жи́зни, как жени́ться; все мы поздравля́ли его́, говори́ли с ва́жными ли́цами ра́зные по́шлости, вро́де[41] того́-де,[42] что брак есть шаг серьёзный; к[43] тому́ же Ва́ренька была́ не дурна́, интере́сна,[44] она́ была́ дочь ста́тского[45] сове́тника и име́ла ху́тор, а гла́вное, э́то была́ пе́рвая же́нщина, кото́рая отнесла́сь к нему́ ла́сково, серде́чно, — голова́ у него́ закружи́лась, и он ре́шил, что ему́ в са́мом де́ле ну́жно жени́ться.

Отве́тьте по-ру́сски:

1. Но́вый учи́тель исто́рии и геогра́фии прие́хал оди́н?
2. Ско́лько лет бы́ло Ва́реньке?
3. Она́ была́ серьёзная? Молчали́вая?
4. Что дире́кторша хоте́ла устро́ить?
5. Мо́жет ли люби́ть челове́к, кото́рый всё вре́мя хо́дит в кало́шах?
6. Ва́реньке хоте́лось вы́йти за́муж?
7. Бе́ликов мно́го говори́л Ва́реньке?
8. Лю́ди убеди́ли Бе́ликова, что ему́ ну́жно жени́ться? persuade

---

[41] **вро́де**: such as, in the form of, like.
[42] In popular language the particle -де signals a statement made by somebody else.
[43] **к тому́ же**: moreover, besides.
[44] Colloquially интере́сный = attractive.
[45] **ста́тский сове́тник**: councilor of state (a civil service rank).

Человéк в футля́ре

Translation into Russian

(With emphasis on the future tense)

1. Perhaps she will marry, but he will never marry.
2. Women like Varenka will always laugh loudly.
3. However, they usually will demand little.
4. He said that he would decide in an hour whom to appoint.
5. Women will often assure a man that he should marry.
6. They will never take into consideration that men wish to decide for themselves.
7. Perhaps I shall recall what she decided.
8. It will be impossible to receive such people.

Hints on Stress

(Present; perfective prefix вы-)

Almost all verbs in -нуть have a fixed stress: мёрзнуть, -ну, -нешь: freeze; вя́нуть, -ну, -нешь: fade. Exceptions are обману́ть, -ану́, -а́нешь: deceive; помяну́ть, -мяну́, -мя́нешь: mention; тону́ть, тону́, то́нешь: drown; тяну́ть, тяну́, тя́нешь: pull.

Verbs with infinitive in stressed -ти stress the ending in the present: нести́, несу́, несёшь; идти́, иду́, идёшь.

Verbs with infinitive in -чь (with stem of past and present in -г or -к) stress the ending throughout the present: бере́чь, берегу́, бережёшь... берегу́т: preserve; печь, пеку́, печёшь... пеку́т: bake.

Exceptions are лечь, ля́гу, ля́жешь... ля́гут; мочь, могу́, мо́жешь... мо́гут.

The syllable preceding -ывать or -ивать of the infinitive is almost always stressed: запи́сывать, запи́сываю; спра́шивать, спра́шиваю.

However, if the preceding syllable would be a prefix (or part of it), it would appear that the stressed vowel would then be the stem vowel -а-: добыва́ть; перебива́ть; закрыва́ть; пережива́ть.

The verbal prefix вы- is stressed in all forms of *perfective* verbs: вы́йти, вы́йду; past: вы́шел, вы́шла.

Reading Seven

Verbs to Learn

беспокóить, -óю, -óишь; обеспокóить, -óю, -óишь worry, perturb
беспокóиться; обеспокóиться worry, be anxious about
не беспокóйтесь don't bother
возвращáть; возвратить, -ащý, -атишь or вернýть, -нý, -нёшь return (something)
возвращáться; возвратиться or вернýться return (go or come back)
дéйствовать, -твую, -твуешь; подéйствовать have an effect, act on; (imperfective) operate, (imperfective) function
ненавидеть, -ижу, -идишь; возненавидеть hate
откладывать; отложить, -ожý, -óжишь set aside, postpone
производить, -ожý, -óдишь; произвести, -едý, -едёшь (past: произвёл, произвелá) make, produce
рассуждáть reason, discuss
скрывáть; скрыть, скрóю, скрóешь hide
скрывáться; скрыться hide (oneself), escape, disappear
случáться, -áется; случиться, -ится (used mainly in infinitive or third person singular) happen
совершáть; совершить, -шý, -шишь do, accomplish
совершáться, -áется; совершиться, -ится (used mainly in infinitive or third person singular) happen, take place
терпéть, терплю, тéрпишь suffer, endure, tolerate
услáвливаться or услóвливаться; услóвиться, -влюсь, -вишься agree, arrange

«ЧЕЛОВÉК В ФУТЛЯ́РЕ» (ПРОДОЛЖÉНИЕ)

Он постáвил у себя на столé портрéт Вáреньки и всё ходил ко мне и говорил о семéйной[1] жизни, о том, что брак есть[2] шаг серьёзный, чáсто бывáл у

---

[1] **семéйный:** family.

[2] **есть:** (here) is. Есть is rarely used to link subject and predicate.

Коваленков, но образа жизни не изменил нисколько. Даже наоборот,³ решение жениться подействовало на него как-то болезненно,⁴ он похудел, побледнел и, казалось, ещё глубже ушёл в свой футляр.

— Варвара Саввишна мне нравится, — говорил он мне со слабой кривой улыбочкой, — и я знаю, жениться необходимо каждому человеку, но... всё это знаете ли,⁵ произошло как-то вдруг... Надо подумать.⁶

— Что же тут думать? — говорю ему. — Женитесь, вот и всё.⁷

— Нет, женитьба — шаг серьёзный, надо сначала взвесить предстоящие⁸ обязанности, ответственность... чтобы потом чего не вышло. Это меня так беспокоит, я теперь все ночи не сплю. И, признаться, я боюсь: у неё с братом какой-то странный образ мыслей, рассуждают они как-то, знаете ли, странно, и характер очень бойкий. Женишься, а потом чего⁹ доброго попадёшь в какую-нибудь историю.

³ **наоборот:** on the contrary.

⁴ **болезненно:** painfully.

⁵ **знаете ли:** you know. Having the same conversational fill-in function are the following: знаешь ли, знаешь/знаете, знаешь/знаете что.

⁶ **подумать:** think it over. The prefix по- has at least two important functions. It may, as here, denote that the action is performed somewhat, to a limited degree. It often has no meaning of its own but, prefixed to an imperfective verb, simply makes it perfective. It is used with думать in both ways.

⁷ **вот и всё:** there's nothing more to be said; that's all there is to it.

⁸ **предстоящий:** coming.

⁹ **чего доброго:** I'm afraid it's possible that; if you don't watch out.

Человек в футляре 39

И он не делал предложения, всё откладывал, к великой досаде директорши и всех наших дам; всё взвешивал предстоящие обязанности и ответственность и между тем почти каждый день гулял с Варенькой, быть может думал, что это так нужно в его положении, и приходил ко мне, чтобы поговорить о семейной жизни. И, по[10] всей вероятности, в конце концов он сделал бы предложение и совершился бы один из тех ненужных, глупых браков, каких у нас от скуки и от нечего делать совершаются тысячи, если бы вдруг не произошёл kolossalische Scandal. Нужно сказать, что брат Вареньки, Коваленко, возненавидел Беликова с первого же дня знакомства и терпеть его не мог.

Какой-то проказник[11] нарисовал карикатуру: идёт Беликов в калошах, в подсученных[12] брюках, под зонтом,[13] и с ним под[14] руку Варенька; внизу подпись: «Влюблённый антропос». Выражение схвачено, понимаете ли,[15] удивительно. Художник, должно быть,[16] проработал[17] не[18] одну ночь, так как все учителя мужской и женской гимназий, учителя семинарии, чиновники — все получили по[19]

[10] **по всей вероятности**: in all probability.
[11] **проказник**: mischief maker, practical joker.
[12] **подсученный**: rolled up.
[13] **зонт**: umbrella.
[14] **под руку**: arm in arm.
[15] **понимаешь/понимаете ли; понимаешь/понимаете**: you understand. See note 5 above.
[16] **должно быть**: probably, apparently, in all probability.
[17] **проработать**: spend the time working.
[18] **не одну ночь**: more than one night. Cf. не раз: more than once.
[19] **по экземпляру**: a copy apiece. The noun in the dative with по may convey the idea "one for each." **выдать по рублю на человека**: to pay each man a ruble.

экземпля́ру. Получи́л и Бе́ликов. Карикату́ра произвела́ на него́ са́мое тяжёлое [20] впечатле́ние.

Выхо́дим мы вме́сте и́з дому, — э́то бы́ло как [21] ра́з пе́рвое ма́я, воскресе́нье, и мы все, учителя́ и
5 гимнази́сты, усло́вились сойти́сь у гимна́зии и пото́м вме́сте идти́ пешко́м за [22] го́род в ро́щу, — выхо́дим мы, а он зелёный,[23] мрачне́е ту́чи.

— Каки́е есть нехоро́шие, злы́е лю́ди! — проговори́л [24] он, и гу́бы у него́ задрожа́ли.

10 Мне да́же жа́лко [25] его́ ста́ло. Идём и вдруг, мо́жете себе́ предста́вить, кати́т на велосипе́де Ковале́нко, а за ним Ва́ренька, то́же на велосипе́де, кра́сная, заморённая,[26] но весёлая, ра́достная.

— А мы, — кричи́т она́, — вперёд [27] е́дем! Уже́
15 ж [28] така́я хоро́шая пого́да, така́я хоро́шая, что про́сто у́жас!

И скры́лись о́ба. Мой Бе́ликов из зелёного стал бе́лым и то́чно оцепене́л. Останови́лся и смо́трит на меня́.

20 — Позво́льте, что же э́то тако́е? — спроси́л он, — И́ли, быть мо́жет, меня́ обма́нывает зре́ние? Ра́зве [29] преподава́телям гимна́зии и же́нщинам прили́чно е́здить на велосипе́де?

— Что́ же тут неприли́чного? — сказа́л я. — И
25 пусть ката́ются себе́ на здоро́вье.

---

[20] **тяжёлый**: painful.
[21] **как ра́з**: exactly, precisely, just.
[22] **за́ го́род**: out of town (into the country/suburbs).
[23] **зелёный**: (literally "green") used colloquially to indicate paleness of the face or skin.
[24] **проговори́ть**: say.
[25] **жа́лко = жаль** (here).
[26] **заморённый**: tired.
[27] **вперёд**: ahead, forward.
[28] **ж = же**.
[29] **ра́зве**: can it really be true that.

Человек в футляре

— Да как же можно? — крикнул он, изумляясь моему спокойствию. — Что вы говорите?!

И он был так поражён,[30] что не захотел идти дальше и вернулся домой.

На другой день он всё время нервно потирал руки и вздрагивал, и было видно по лицу, что ему нехорошо. И с занятий ушёл, что случилось с ним первый раз в жизни. И не обедал. А под[31] вечер оделся потеплее, хотя на дворе стояла совсем летняя погода, и подлёлся[32] к Коваленкам. Вареньки не было дома, застал он только брата.

— Садитесь, покорнейше прошу, — проговорил Коваленко холодно и нахмурил брови; лицо у него было заспанное,[33] он только что отдыхал после обеда и был сильно не в духе.

Беликов посидел молча минут десять и начал;

— Я к вам пришёл, чтоб облегчить душу. Мне очень, очень тяжело. Какой-то пасквилянт[34] нарисовал в смешном виде меня и ещё одну особу, нам обоим близкую. Я не подавал никакого повода к такой насмешке, — напротив же, всё время вёл себя как вполне порядочный человек.

Коваленко сидел, надувшись, и молчал. Беликов подождал немного и продолжал тихо, печальным голосом:

Ответьте по-русски:

1. Как влияло на Беликова решение жениться?
2. Почему он не сразу женился?

[30] **поражён:** thunderstruck.
[31] **под вечер:** towards evening.
[32] **подлёлся:** rushed (a meaning which seems likely here).
[33] **заспанный:** sleepy.
[34] **пасквилянт:** lampoonist.

3. Почему́ он так беспоко́ился?
4. Како́е впечатле́ние произвела́ карикату́ра на Бе́ликова?
5. Бе́ликов удиви́лся, когда́ Ковале́нко и Ва́ренька кати́ли на велосипе́де ми́мо него́?
6. Что он сде́лал сейча́с по́сле э́того?
7. Как он чу́вствовал себя́ на друго́й день?
8. По-сво́ему, каки́м о́бразом Бе́ликов вёл себя́ всё вре́мя?

Translation into Russian

(With emphasis on prepositions used with the genitive case)

1. He had a portrait of Varenka on the table.
2. For men like Belikov marriage is a serious step.
3. Because of this he worries a lot and is afraid.
4. It was far from their home to that place.
5. She was riding past him on a bicycle.
6. After these words they both disappeared.
7. They sat opposite each other in the middle of the room.
8. He will return home before dinner.

Hints on Stress

(Masculine nouns ending in a consonant in the nominative sing.)

In general, the stress for all nouns (feminine and neuter also) is fixed, and more commonly it is on the stem (part of inflected word to which the ending is added).

Almost all masculine dissyllabics with initial stress in the nominative singular have fixed stress: о́пыт, о́пыта.

Most dissyllabics with stress on the second syllable in the nominative singular have fixed stress: теа́тр, теа́тра.

Челове́к в футля́ре

Many trisyllabics and polysyllabics have fixed stress, primarily on the final syllable of the stem: бюллете́нь, бюллете́ня; велосипе́д, велосипе́да.

Compound nouns formed by means of a joining vowel have fixed stress on one of the syllables of the second stem: водопрово́д, водопрово́да; путеводи́тель, путеводи́теля.

Nouns with stressed а/я in the nominative plural stress the ending throughout the plural. Note these examples: а́дрес – адреса́, адресо́в; бе́рег – берега́, берего́в; век – века́, веко́в; ве́чер – вечера́, вечеро́в; глаз – глаза́, глаз, глаза́м; год – года́ (also го́ды), годо́в; го́лос – голоса́, голосо́в; го́род – города́, городо́в; дире́ктор – директора́, директоро́в; до́ктор – доктора́, доктор́ов; дом – дома́, -о́в; друг – друзья́, -зе́й; край – края́, краёв; лес – леса́, -о́в; ма́стер – мастера́, -о́в; муж – мужья́, -же́й; но́мер – номера́, -о́в; о́стров – острова́, -о́в; па́спорт – паспорта́, -о́в; по́езд – поезда́, -о́в; сорт – сорта́, -о́в; сын – сыновья́, -ве́й; сто́рож – сторожа́, -же́й; том – тома́, -о́в; учи́тель – учителя́, -ле́й; цвет – цвета́, -о́в.

These are the more important monosyllabics which stress the endings throughout: враг, -а́; врач, -а́; вред, -а́; грех, -а́; Днепр, -а́; Днестр, -а́; дождь, -я́; ключ, -а́; Кремль, -я́; крест, -а́; нож, -а́; Пётр, Петра́; плод, -а́; полк, -а́; поп, -а́; раб, -а́; рубль, -я́; скот, -а́; стол, -а́; стыд, -а́; суд, -а́; труд, -а́; ум, -а́; царь, -я́.

Some monosyllabics with stem stress in the singular and ending stress in the plural: долг – долги́, пар – пары́, пол – полы́, ряд – ряды́, сад – сады́, след – следы́, шар – шары́.

Some nouns (almost all with monosyllabic stem), when used with в or на, have a prepositional singular ending in stressed -у́ or -ю́. Note the following examples: на бегу́, на берегу́, на боку́, в бою́, на борту́, в бреду́, на веку́, в виду́, на виду́, в году́, в долгу́, на краю́, в кругу́, в лесу́, на мосту́, на носу́, в плену́, на полу́, в порту́, на посту́, в поту́, в раю́, в саду́, в снегу́, в строю́, в тылу́, в углу́, на углу́, в ходу́, на ходу́.

Many dissyllabics stress the ending. Note the following: бага́ж, -а́; бога́ч, -а́; дворе́ц, дворца́; дека́брь, -я́; жени́х, -а́; замо́к (lock), замка́; кирпи́ч, -а́; коне́ц, конца́; кора́бль, -я́; коро́ль, -я́; котёл, котла́; мышья́к, -а́; мяте́ж, -а́; ноя́брь, -я́; ого́нь, огня́; октя́брь, -я́; орёл, орла́; оте́ц, отца́; оча́г, -а́; паде́ж, -а́; посо́л (ambassador), посла́; рубе́ж, -а́; сапо́г, -а́; сентя́брь, -я́; сунду́к, -а́; таба́к, -а́; февра́ль, -я́; четве́рг, -а́; чугу́н, -а́; эта́ж, -а́; язы́к, -а́; янва́рь, -я́. Notice, incidentally, that all of these nouns had final stress in the nominative singular. Notice also that this group includes the names of all those months which in America are considered to be autumn and winter months; i.e., September through February. The Russian words for March through August have a fixed stress on the stem: март, ма́рта; апре́ль, -я; май, ма́я; ию́нь, -я; ию́ль, -я; а́вгуст, -а.

These are some of the few trisyllabics with final and ending stress: календа́рь, -я́; каранда́ш, -а́; монасты́рь, -я́; потоло́к, потолка́; секрета́рь, -я́; учени́к, -а́; проводни́к, -а́.

Reading Eight

Verbs to Learn

глядéть, -яжý, -ядúшь (not in common usage now but frequent in nineteenth-century literature) look (at)

достигáть; достúгнуть or достúчь, -úгну, -úгнешь (used with genitive; past: достúг, достúгла) attain, achieve

желáть; пожелáть wish, desire

испы́тывать; испытáть experience, test

ложúться, -жýсь, -жúшься; лечь, ля́гу, ля́жешь (past: лёг, леглá) lie down

ломáть; сломáть break

полагáть think, suppose

предупреждáть; предупредúть, -ежý, -едúшь forewarn, prevent, anticipate (i.e., do something before somebody else)

признавáть, -наю́, -наёшь; признáть acknowledge (something)

признавáться; признáться confess, make an admission

служúть, служý, слýжишь be employed, serve

считáть; счесть, сочтý, сочтёшь (past: счёл, сочлá) consider, count; ——— дóлгом consider it a duty

течь, текý, течёшь... текýт (past: тёк, теклá) flow, run

трóгать; трóнуть, -ну, -нешь touch

«ЧЕЛОВÉК В ФУТЛЯ́РЕ» (ОКОНЧÁНИЕ)

— И ещё я имéю кóе-что сказáть вам. Я давнó[1] служý, вы же тóлько ещё начинáете слýжбу, и я считáю дóлгом, как стáрший товáрищ, предостерéчь вас. Вы катáетесь на велосипéде, а э́та забáва

---

[1] давнó служý: I have been working for a long time. The Russian present with давнó is best translated by the English perfect.

совершéнно неприлична для воспитáтеля [2] юношества.

— Почемý же? — спроси́л Ковалéнко бáсом.

— Да рáзве тут нáдо ещё объясня́ть, Михаи́л Сáввич, рáзве э́то не поня́тно? Éсли учи́тель éдет на велосипéде, то чтó же остаётся ученикáм? Им остаётся тóлько ходи́ть на головáх! И раз э́то не разрешенó циркуля́рно,[3] то и нельзя́. Я вчерá ужаснýлся! Когдá я уви́дел вáшу сестри́цу, то у меня́ помути́лось в глазáх. Жéнщина и́ли дéвушка на велосипéде — э́то ужáсно!

— Чтó же, сóбственно, вам угóдно?

— Мне угóдно тóлько однó — предостерéчь вас, Михаи́л Сáввич. Вы — человéк молодóй, у вас впереди́ бýдущее, нáдо вести́ себя́ óчень, óчень осторóжно, вы же так манки́руете,[4] ох, как манки́руете! Вы хóдите в вы́шитой[5] сорóчке, постоя́нно на ýлице с каки́ми-то[6] кни́гами, а тепéрь вот ещё велосипéд. О том, что вы и вáша сестри́ца катáетесь на велосипéде, узнáет дирéктор, потóм дойдёт до попечи́теля... Что[7] ж хорóшего?

— Что я и сестрá катáемся на велосипéде, никомý[8] нет до э́того дéла! — сказáл Ковалéнко и

---

[2] **воспитáтель**: teacher. Воспитáтель usually stresses the moral aspect of a teacher's influence. When the intellectual aspect of a teacher's activity is emphasized or taken for granted, учи́тель is used.

[3] **циркуля́рно**: by a circular, in other words, officially.

[4] **манки́ровать**: be careless, disrespectful.

[5] **вы́шитый**: embroidered. Perhaps Kovalenko was wearing part of a Ukrainian folk costume.

[6] **какóй-то**: some kind of.

[7] **что ж хорóшего**: what's the good of it all (literally, how much of good)? Что with the genitive of a noun or adjective used as noun can mean "how much."

[8] **никомý нет до э́того дéла**: it's nobody's business.

Челове́к в футля́ре

побагрове́л. — А кто бу́дет вме́шиваться в мои́ дома́шние и семе́йные дела́, того́[9] я пошлю́ к чертя́м соба́чьим.

Бе́ликов побледне́л и встал.

— Е́сли вы говори́те со мной таки́м то́ном, то я не могу́ продолжа́ть, — сказа́л он. — И прошу́ вас никогда́ так не выража́ться в моём прису́тствии о нача́льниках. Вы должны́ с уваже́нием относи́ться к властя́м.

— А ра́зве я говори́л что* дурно́е про власте́й? — спроси́л Кова́ленко, гля́дя на него́ со зло́бой.

— Пожа́луйста, оста́вьте меня́ в поко́е. Я че́стный челове́к и с таки́м господи́ном, как вы, не жела́ю разгова́ривать. Я не люблю́ фиска́лов.

Бе́ликов не́рвно засуети́лся и стал одева́ться бы́стро, с выраже́нием у́жаса на лице́. Ведь э́то пе́рвый раз в жи́зни он слы́шал таки́е гру́бости.[10]

— Мо́жете говори́ть, что вам уго́дно, — сказа́л он, выходя́ из пере́дней на площа́дку ле́стницы. — Я до́лжен то́лько предупреди́ть вас: быть мо́жет, нас слы́шал кто́-нибудь, и что́бы не перетолкова́ли на́шего разгово́ра и чего́-нибудь не вы́шло, я до́лжен бу́ду доложи́ть господи́ну дире́ктору содержа́ние на́шего разгово́ра... в гла́вных черта́х. Я обя́зан э́то сде́лать.

— Доложи́ть? Ступа́й докла́дывай!

Кова́ленко схвати́л его́ за воротни́к и пихну́л, и Бе́ликов покати́лся вниз по ле́стнице, греми́[11] свои́ми кало́шами. Ле́стница была́ высо́кая, крута́я,

---

* See Reading 17, Note, 44.

[9] **того́ я пошлю́ к чертя́м соба́чьим**: he can go to the devil (literally, I shall send him to the dog's devils).

[10] **гру́бость**: coarseness, coarse word.

[11] **греми́ свои́ми кало́шами**: his galoshes clattering.

но он докати́лся[12] до́низу благополу́чно, встал и потро́гал себя́ за нос: це́лы ли очки́? Но как раз в то вре́мя, когда́ он кати́лся по ле́стнице, вошла́ Ва́ренька и с не́ю[13] две да́мы; они́ стоя́ли внизу́ и гляде́ли — и для Бе́ликова э́то бы́ло ужа́снее всего́. Лу́чше бы, ка́жется слома́ть себе́[14] ше́ю, о́бе но́ги, чем стать посме́шищем: ведь тепе́рь узна́ет весь го́род, дойдёт до дире́ктора, попечи́теля, — ах, как бы чего́ не вы́шло! — нарису́ют но́вую карикату́ру, а ко́нчится всё э́то тем, что прика́жут пода́ть[15] в отста́вку...

Когда́ он подня́лся, Ва́ренька узна́ла его́ и, гля́дя на его́ смешно́е лицо́, помя́тое[16] пальто́, кало́ши, не понима́я, в чём де́ло, полага́я, что э́то он упа́л сам неча́янно, не удержа́лась и захохота́ла на весь дом:

— Ха-ха-ха!

И э́тим «ха-ха-ха» заверши́лось всё: и сва́товство и земно́е существова́ние Бе́ликова. Уже́ он не слы́шал, что говори́ла Ва́ренька, и ничего́ не ви́дел. Верну́вшись к себе́ домо́й, он пре́жде[17] всего́ убра́л со стола́ портре́т, а пото́м лёг и уже́ бо́льше не встава́л.

Че́рез ме́сяц Бе́ликов у́мер. Хорони́ли мы его́ все, то́ есть о́бе гимна́зии и семина́рия. Тепе́рь, когда́ он лежа́л в гробу́, выраже́ние у него́ бы́ло кро́ткое, прия́тное, да́же весёлое, то́чно он был рад, что, наконе́ц, его́ положи́ли в футля́р, из кото́рого он уже́ никогда́ не вы́йдет. Да, он дости́г своего́

---

[12] докати́лся до́низу: rolled to the bottom.
[13] не́ю = ней.
[14] See note 12 in Reading 10.
[15] пода́ть в отста́вку: submit a resignation.
[16] помя́тое: crumpled.
[17] пре́жде всего́: first of all.

Человек в футляре

идеа́ла! И как бы в честь его́, во вре́мя похоро́н была́ па́смурная, дождли́вая пого́да, и все мы бы́ли в кало́шах и с зонта́ми. Ва́ренька то́же была́ на похорона́х и, когда́ гроб опуска́ли в моги́лу, всплакну́ла.[18]

Признаю́сь, хорони́ть таки́х люде́й, как Бе́ликов, э́то большо́е удово́льствие. Когда́ мы возвраща́лись с кла́дбища, то у нас бы́ли скро́мные, по́стные[19] физионо́мии; никому́ не хоте́лось э́того чу́вства удово́льствия, — чу́вства, похо́жего на то, како́е мы испы́тывали давно́-давно́, ещё в де́тстве, когда́ ста́ршие уезжа́ли и́з дому, и мы бе́гали по са́ду час-друго́й,[20] наслажда́ясь по́лной свобо́дой. Ах, свобо́да, свобо́да! Да́же намёк, да́же сла́бая наде́жда на её возмо́жность даёт душе́ кры́лья, не пра́вда ли?

Верну́лись мы с кла́дбища в до́бром расположе́нии. Но прошло́ не бо́льше неде́ли, и жизнь потекла́[21] по-пре́жнему,[22] така́я же суро́вая, утоми́тельная, бестолко́вая, жизнь, не запрещённая циркуля́рно, но и не разрешённая вполне́; не ста́ло лу́чше. И в са́мом де́ле, Бе́ликова похорони́ли, а ско́лько ещё таки́х челове́ков[23] в футля́ре оста́лось, ско́лько их ещё бу́дет!

---

[18] всплакну́ла: cried a little.
[19] по́стные: downcast.
[20] час-друго́й: an hour or two.
[21] поте́чь: begin to flow. With some verbs of motion (determinate form) the verbal prefix по- can indicate the beginning of an action.
[22] по-пре́жнему/попре́жнему: as before.
[23] челове́ков = люде́й. The form челове́ков is probably used derogatorily here. The genitive plural form челове́к is used with quantitative words: семь челове́к: seven men.

Ответьте по-русски:

1. Почему Беликов думает, что кататься на велосипеде неприлично для учителя?
2. Как Коваленко принимает советы Беликова?
3. По-Беликову, как надо относиться к властям?
4. Почему Беликов так удивляется грубым словам Коваленко?
5. После того, как Беликов докатился донизу, что он сделал?
6. Когда Варенька увидела его в смешном положении, что она сделала?
7. Что сделал Беликов дома?
8. Почему казалось, что Беликов счастливый в гробу?
9. Знаете ли вы человека в футляре?
10. По-вашему, Беликов комический или трагический тип?

Translation into Russian

(With emphasis on prepositions used with the genitive case)

1. For God's sake, leave me alone.
2. Supposing that he had fallen by himself accidentally, she stood next to him and began to laugh loudly.
3. He took the portrait from the table and lay down.
4. We buried him and, it is necessary to confess, not without pleasure.
5. They all stood around the coffin.
6. He is happy now because he will never leave his case.
7. Besides that, he has attained his ideal.

Человек в футляре

8. We were in a good mood about a week.
9. However, instead of Belikov, there will always be a man in a case!

Hints on Stress
(Masculine nouns with suffix)

The stress of masculine nouns with some of the more important suffixes may be grouped under three patterns: fixed stress on the stem, fixed stress on the suffix, and final/ending stress (i.e., final in the nominative singular, on the ending elsewhere).

Many nouns with the following unstressed suffixes in the nominative singular have fixed stress on the stem: -арь, -ец, -ик, -ник, -тель, -тор, -чик, -щик. Examples, библиотéкарь; стáрец, стáрца; дóмик; трáнспортник; смотрúтель; авиáтор; перевóдчик; бомбардирóвщик. Combined words with unstressed -лог also have a fixed stress on the stem: биóлог.

Nouns of agent in -тель when formed from verbs with a stem ending in а have the same stress as the infinitive: двúгать, двúгатель. However, when the verb stem ends in и, this и is stressed regardless of infinitive stress.: испóлнить, исполнúтель. Exception: мнóжитель.

International words with unstressed -ик correspond in meaning to nouns in -ия, -изм and adjectives in -ический but do not necessarily have the same stress: истóрия, истори́ческий, истóрик; траги́зм, траги́ческий, трáгик.

Nouns with the following stressed suffixes in the nominative singular have a fixed stress on the suffix: -аж, -ат, -ёр, -ит, -ионер, -ир, -ист, -ив, -изм. Examples: шпионáж, аттестáт, режиссёр, бронхúт, революционéр, командúр, коммунúст, коллектúв, социали́зм.

Also in this latter group are nationality nouns in -анец/-янец, which correspond to adjectives in -анский/-янский: америкáнец, америкáнца; итальянец, итальянца.

Nouns with the following stressed suffixes in the nominative singular stress the ending elsewhere: -ак, -арь, -ец, -як. Examples: гусáк, гусакá; словáрь, словаря́; мудрéц, мудрецá; сибиряк, сибирякá.

Reading Nine

Verbs to Learn

годи́ться, гожу́сь, годи́шься be fit/suited(for); никуда́ не ——— be good for nothing, be worthless
дога́дываться; догада́ться hit on the true thought
дока́зывать; доказа́ть, -кажу́, -ка́жешь prove, demonstrate
исполня́ть; испо́лнить, -ню, -нишь fulfill, carry out
объявля́ть; объяви́ть, -явлю́, -я́вишь declare, announce
подде́рживать; поддержа́ть, -ержу́, -е́ржишь support, maintain
приходи́ться, прихо́дится; прийти́сь, придётся (past: пришло́сь) (for the meaning given, this verb is used impersonally and with the infinitive) be necessary to
разделя́ть; раздели́ть, -елю́, -е́лишь divide, separate, share
сметь, -е́ю, -е́ешь; посме́ть dare
стро́ить, -о́ю, -о́ишь; постро́ить build, construct
стро́иться; постро́иться be built, constructed
убежда́ть; убеди́ть (first sing. not used), убеди́шь convince, persuade
убежда́ться; убеди́ться be convinced, persuaded
уступа́ть; уступи́ть, -уплю́, -у́пишь cede, yield
хлопота́ть, хлопочу́, хлопо́чешь take troubles, be busy with
чу́вствовать себя́ (хорошо́, пло́хо, не в ду́хе) feel (well, bad, be in a bad mood) (present: чу́вствую, чу́вствуешь)

ИЗ РОМА́НА «ОТЦЫ́ И ДЕ́ТИ» (1862)[*] ИВА́НА СЕРГЕ́ЕВИЧА ТУРГЕ́НЕВА (1818–1883)

Схва́тка (FIGHT) произошла́ в то́т же день за[1] вече́рним ча́ем. Па́вел Петро́вич сошёл[2] в гости́ную уже́

[*] In *Fathers and Sons* Turgenev portrays the acute conflict between the Russian older and younger generations in the 1860's. In this selection the two viewpoints are reflected in the argument between the young medical student Bazarov

Отцы́ и де́ти

гото́вый к бо́ю, раздражённый и реши́тельный. Он ждал то́лько предло́га, чтобы наки́нуться на врага́, но предло́г до́лго не представля́лся. База́ров вообще́ говори́л ма́ло в прису́тствии «старичко́в[3] Кирса́новых» (так он называ́л обо́их бра́тьев), а в тот ве́чер он чу́вствовал себя́ не в ду́хе и мо́лча выпива́л ча́шку за ча́шкой. Па́вел Петро́вич весь[4] горе́л нетерпе́нием; его́ жела́ния сбыли́сь наконе́ц.

Речь зашла́ об одно́м из сосе́дних поме́щиков. «Дрянь, аристокра́тишко»,[5] равноду́шно заме́тил База́ров, кото́рый встреча́лся с ним в Петербу́рге.

— Позво́льте вас спроси́ть, — на́чал Па́вел Петро́вич, и гу́бы его́ задрожа́ли: — по ва́шим поня́тиям

---

and the uncle (Pavel Petrovich) of his host and student friend Arkadii. The scene takes place in the country.

[1] **за вече́рним ча́ем:** at evening tea. A fairly common meaning of за with the instrumental is "at." This is especially true for activities which involve people's being stationary, often seated; e.g., за столо́м: at the table; за обе́дом: at dinner; за чте́нием: at reading.

[2] **сошёл:** descended. The verb is сходи́ть, сойти́. It will often help, in dictionary hunting, to remember that a number of prefixes used with -ходи́ть add, as it were, -о- before the perfective form in -йти. Note входи́ть, войти́: enter; всходи́ть, взойти́: ascend; обходи́ть, обойти́: go round; отходи́ть, отойти́: go off, withdraw; подходи́ть, подойти́: approach; расходи́ться, разойти́сь: go into different directions, i.e., disperse.

[3] **"старичко́в Кирса́новых":** of the old men, the Kirsanovs'. These are the brothers Pavel Petrovich and Nikolai Petrovich. Both are present, although Pavel Petrovich does most of the talking. Bazarov is a guest of Nikolai's son, a fellow student of Bazarov's at the university.

[4] **весь:** all over.

[5] **аристокра́тишко = аристокра́тишка:** "aristocrat" (used contemptuously).

слова «дрянь» и «аристократ» одно и то же означают?

— Я сказал: «аристократишко», — проговорил Базаров, лениво отхлёбывая глоток чаю.

— Точно[6] так-с; но я полагаю, что вы такого[7] же мнения об аристократах, как и об аристократишках. Я считаю долгом объявить вам, что я этого мнения не разделяю. Смею сказать, меня все знают за человека либерального и любящего прогресс; но именно[8] потому я уважаю аристократов — настоящих. Вспомните, милостивый государь (при этих словах Базаров поднял глаза на Павла Петровича), вспомните, милостивый государь, — повторил он с ожесточением: — английских аристократов. Они не уступают иоты от прав своих, и потому они уважают права других; они требуют исполнения обязанностей в отношении к ним, и потому они сами исполняют *свои* обязанности. Аристократия дала свободу Англии и поддерживает её.

— Слыхали мы эту песню много раз, — возразил Базаров: — но что вы хотите этим доказать?

— Я хочу доказать, милостивый государь, что без чувства собственного достоинства, без уважения к самому себе, — а в аристократе эти чувства развиты, — нет никакого прочного основания общественному[9] зданию. Личность, милостивый государь, — вот главное; человеческая личность должна быть крепка, как скала, ибо на ней всё строится. Я очень хорошо знаю, например, что вы изволите

---

[6] **точно так-с:** exactly so, sir.   -с is an obsolete particle, which could be added to a word to express politeness or subservience.   Sometimes it was used in jest or in irritation.

[7] **такой же:** the same.

[8] **именно потому:** exactly for that reason (because of that).

[9] **общественное здание:** (in context) public welfare.

Отцы́ и де́ти

находи́ть[10] смешны́ми мои́ привы́чки, мой туале́т, мою́ опря́тность наконе́ц, но э́то всё проистека́ет из чу́вства самоуваже́ния,[11] из чу́вства до́лга, да-с, до́лга. Я живу́ в дере́вне, в глуши́, но я не роня́ю себя́, я уважа́ю в себе́ челове́ка.

— Позво́льте, Па́вел Петро́вич, — промо́лвил База́ров: — вы вот уважа́ете себя́ и сиди́те сложа́ ру́ки; кака́я ж от э́того по́льза? Вы бы не уважа́ли себя́, и то́ же бы де́лали.

Па́вел Петро́вич побледне́л.

— Э́то соверше́нно друго́й вопро́с. Мне во́все не прихо́дится объясня́ть вам тепе́рь, почему́ я сижу́ сложа́ ру́ки, как вы изво́лите выража́ться. Я хочу́ то́лько сказа́ть, что аристократи́зм — при́нсип,[12] а без при́нсипов жить в на́ше вре́мя мо́гут одни́ безнра́вственные и́ли пусты́е[13] лю́ди.

— Аристократи́зм, либерали́зм, прогре́сс, при́нципы, — говори́л База́ров: — поду́маешь, ско́лько иностра́нных... и бесполе́зных слов! Ру́сскому челове́ку они́[14] да́ром не ну́жны.

[10] **находи́ть смешны́ми мои́ привы́чки**: to find my habits ludicrous. When one party attributes to a thing or second party some characteristic, then the thing or second party is in the accusative case and the characteristic in the instrumental; она́ его́ счита́ет дурако́м: she considers him a fool. Similarly, when one party acts upon a thing or second party so as to change the status of the latter, then the new status is expressed in the instrumental; его́ вы́брали председа́телем: they elected him chairman. When the passive construction is used, the instrumental remains; он счита́ется дурако́м: he is considered a fool; он был вы́бран председа́телем: he was elected chairman.

[11] **самоуваже́ние**: self-respect.
[12] **при́нсип** = **при́нцип**.
[13] **пусты́е лю́ди**: shallow people.
[14] **они́ да́ром не ну́жны**: they are of precious little value.

— Я вас не понимаю после этого. Вы оскорбляете русский народ. Я не понимаю, как можно не признавать принсипов, правил! В[15] силу чего же вы действуете?

— Мы действуем в силу того, что мы признаём полезным, — промолвил Базаров. — В теперешнее время полезнее всего отрицание.

— Всё?

— Всё.

— Как? не только искусство, поэзию... но и... страшно вымолвить...

— Всё, — с невыразимым спокойствием повторил Базаров.

— Однако, позвольте, — заговорил Николай Петрович. — Вы всё отрицаете, или, выражаясь точнее, вы всё разрушаете... Да ведь надобно же и строить.

— Это уже не наше дело... Сперва нужно место расчистить.

* * * * * *

— А[16] потом мы догадались, что болтать, всё только болтать о наших язвах не[17] стоит труда, что это ведёт только к пошлости и доктринёрству;[18] мы увидали, что и умники наши, так[19] называемые передовые[20] люди и обличители никуда не годятся,

[15] в силу чего же: on the strength of what, then.
[16] This is the same occasion, a bit later. Bazarov is speaking.
[17] не стоит труда: is not worth the trouble.
[18] доктринёрство: doctrinairism.
[19] так называемый: so-called.
[20] передовые люди: progressive people.

Отцы и дети

что мы занимаемся вздором, толкуем о каком-то искусстве, бессознательном творчестве,[21] о парламентаризме,[22] об адвокатуре,[23] и чорт знает о чём, когда дело[24] идёт о насущном[25] хлебе, когда грубейшее суеверие нас душит, когда все наши акционерные общества лопаются, единственно оттого, что оказывается недостаток в честных людях, когда самая свобода, о которой хлопочет правительство, едва ли[26] пойдёт[27] нам в прок, потому что мужик наш рад самого себя обокрасть, чтобы только напиться в кабаке.

— Так, — перебил Павел Петрович: — так: вы во всём этом убедились и решились сами ни за что серьёзно не приниматься.

— И решились ни за что не приниматься, — угрюмо повторил Базаров. Ему вдруг стало досадно на самого себя, зачем он так распространился перед этим барином.[28]

— А только ругаться?[29]

— И ругаться.

— И это называется нигилизмом?[30]

— И это называется нигилизмом, — повторил опять Базаров, на этот раз с особенною дерзостью.

---

[21] **творчество:** creative activity.
[22] **парламентаризм:** parliamentarianism.
[23] **адвокатура:** the legal profession.
[24] **дело идёт о:** it's a question of.
[25] **насущный хлеб:** daily bread.
[26] **едва ли:** hardly, scarcely.
[27] **пойдёт нам в прок:** will be of use to us.
[28] **барин:** nobleman, landowner.
[29] **ругаться:** utter curses.
[30] **нигилизм:** nihilism. The Russian radicals of the 1860's were nicknamed "nihilists," and the name was popularized by Turgenev in *Fathers and Sons*.

Ответьте по-русски:

1. С кем Павел Петрович хотел спорить?
2. Как он относился к аристократам?
3. Почему он одобрял английских аристократов?
4. Когда Павел Петрович говорит, что он уважает себя, как действуют его слова на Базарова?
5. По словам Павла Петровича кого оскорбляет Базаров?
6. По-Базарову, что полезнее всего в то время?
7. По-Базарову, что надо делать прежде чем строить?
8. По-вашему, кто прав? Кто умнее? Кто добрее?

Translation into Russian

(With emphasis on prepositions used with the dative case)

1. He came to us ready for battle.
2. It is necessary for a person to feel and maintain respect for himself.
3. Thanks to a feeling of self-respect and duty, they do not yield their rights.
4. I do not have to explain to you why, according to your opinion, I do nothing.
5. Despite all this, you have become convinced not to undertake anything seriously?
6. According to you we need not respect genuine aristocrats.
7. According to Bazarov so-called progressive people are good for nothing.
8. According to Nikolai Petrovich, Bazarov destroys everything when it is necessary to build.

Отцы́ и де́ти

Hints on Stress

(Feminine nouns and suffixes in а/я)

All dissyllabic and polysyllabic feminine nouns with nominative singular ending in unstressed а/я have fixed stress on the stem: зо́на, ба́сня, осно́ва, а́рмия, кукуру́за, батаре́я.

These are the more important dissyllabics which stress the ending: вражда́; длина́; еда́; жара́; мечта́; мука́: flour (distinguish from му́ка: torment); скамья́; статья́; тайга́; тоска́; черта́.

The more important trisyllabics with ending or final stress are ветчина́, госпожа́, клевета́, суета́, чепуха́.

Abstract nouns used in the singular only and with the stressed suffixal endings -ота́ and -ина́ have ending or final stress: доброта́, тишина́.

Almost all nouns in -ия do not stress the penultimate -и-. Note, however, буржуази́я, драматурги́я, Росси́я, санитари́я, симметри́я, стихи́я, хирурги́я, перифери́я.

A number of nouns with feminine suffixes representing persons have fixed stress on the same syllable as that of the corresponding masculine noun: краса́вец – краса́вица; рабо́тник – рабо́тница; учи́тель – учи́тельница; блонди́н – блонди́нка; францу́з – францу́женка; дире́ктор – дире́кторша. As the examples show, these suffixes are -ица, -ница, -тельница, -ка, -енка, -ша.

Nouns with а/я with mobile stress have ending stress in the singular except for some accusative singular forms.

Many dissyllabics with ending stress in the singular, stress the stem in the plural The more important of these are (the nominative singular and plural, occasionally genitive plural, forms are given): беда́ – бе́ды; весна́ – вёсны, вёсен; вина́ – ви́ны; война́ – во́йны; жена́ – жёны; игра́ – и́гры; коза́ – ко́зы; луна́ – лу́ны; нужда́ – ну́жды; овца́ – о́вцы, ове́ц; руда́ – ру́ды; семья́ – се́мьи, семе́й; сестра́ – сёстры, сестёр; среда́ – сре́ды: environment(s) (distinguish from среда́: Wednesday, to be considered a bit later); страна́ – стра́ны; судья́ – су́дьи, суде́й; толпа́ – то́лпы; трава́ – тра́вы; тюрьма́ – тю́рьмы, тю́рем.

The following important nouns in this latter group stress the stem in the accusative singular (given here after the nominative singular): вода́, во́ду – *во́ды; душа́, ду́шу – ду́ши; земля́, зе́млю – зе́мли, земе́ль; зима́, зи́му – зи́мы; спина́, спи́ну – спи́ны; цена́, це́ну – це́ны.

A few nouns have ending or final stress except in the nominative-accusative form of the plural. The more important of these are волна́* – во́лны; губа́ – гу́бы; полоса́ – по́лосы, поло́с; свеча́ – све́чи, свеч or свече́й; слеза́ – слёзы; строка́ – стро́ки.

The following important nouns in this latter group stress the stem in the accusative singular: борода́, бо́роду – бо́роды; голова́, го́лову – го́ловы; гора́, го́ру, го́ры; доска́, до́ску – до́ски, досо́к; нога́, но́гу – но́ги; река́, ре́ку – *ре́ки; рука́, ру́ку – ру́ки; среда́, сре́ду – сре́ды: Wednesday(s); стена́, сте́ну – сте́ны; сторона́, сто́рону – сто́роны; щека́, щёку – щёки.

* These nouns may stress either stem or ending in the dative, instrumental, and prepositional plural forms.

Reading Ten

Verbs to Learn

бросáть; брóсить, брошý, брóсишь   throw; abandon, give up
бросáться; брóситься   throw oneself (on, against); ——— в глазá: attract attention, be noticeable
добирáться; добрáться, -берýсь, -берёшься (past: -áлся, -алáсь; used with до + genitive)   get to, reach
ожидáть   wait (for), expect
осмáтривать; осмотрéть, -отрю́, -óтришь   examine
охвáтывать; охватить, -ачý, -áтишь   embrace, grip
подозревáть   suspect
помогáть; помóчь, -огý, -óжешь, . . . -óгут (past: -óг, -оглá; the recipient of help is expressed by the dative)   help
преодолевáть; преодолéть, -éю, -éешь   overcome
расти́, -тý, -тёшь (past: рос, рослá)   grow, increase
соображáть; сообрази́ть, -ажý, -ази́шь   think over, consider, understand
спóрить, -рю, -ришь; поспóрить   argue
ступáть; ступи́ть, ступлю́, стýпишь   step
сходи́ть, схожý, схóдишь; сойти́, сойдý, сойдёшь (past: сошёл, сошлá; often used with с/со and genitive)   descend, go/come off
сходи́ться; сойти́сь   meet, gather, become friendly, agree
убивáть; уби́ть, убью́, убьёшь   kill

ИЗ РОМÁНА «ПРЕСТУПЛÉНИЕ И НАКАЗÁНИЕ» (1866)* ФЁДОРА МИХÁЙЛОВИЧА ДОСТОÉВСКОГО (1821–1881)

Страх охвáтывал егó всё бóльше и бóльше, осóбенно пóсле э́того вторóго, совсéм неожи́данного

---

* As soon becomes clear Raskolnikov, hero of the novel, has just murdered two women in the apartment where he now is. He had planned to murder one of the women but not both.

убийства. Ему хотелось поскорее убежать отсюда. И если бы в ту минуту он в состоянии был правильнее видеть и рассуждать; если бы только мог сообразить все трудности своего положения, всё отчаяние, всё безобразие и всю нелепость[1] его, понять при[2] этом, сколько затруднений, а может быть и злодейств, ещё остаётся ему преодолеть и совершить, чтобы вырваться отсюда и добраться домой, то очень[3] может быть, что он бросил бы всё и тотчас пошёл бы сам[4] на себя объявить, и не от[5] страху даже за себя, а от одного только ужаса и отвращения к тому, что он сделал. Отвращение особенно поднималось и росло в нём с каждою минутой.

Но какая-то рассеянность,[6] как будто даже задумчивость,[7] стала понемногу овладевать им; минутами[8] он как будто забывался или, лучше

---

[1] **нелепость**: absurdity.

[2] **при этом**: at the same time, moreover.

[3] **очень может быть**: it is very likely.

[4] **сам на себя объявить**: to turn himself in.

[5] **от страху**: from fear. The genitive singular of masculine nouns in -y for abstract nouns such as страх, шум, смех was much more in the nineteenth century than now, and the form in -a may always be used now except in the case of some fixed phrases, such as не до смеху: it's not a joking matter; спору нет: without a question; с часу на час: at any moment now. The -y form is still used for some nouns representing material when a part of a whole (without individual enumeration) is indicated, such as сахару, супу, чаю, шёлку.

[6] **рассеянность**: absent-mindedness, distraction.

[7] **задумчивость**: pensiveness.

[8] **минутами**: from time to time, sometimes. The instrumental of nouns without preposition is used adverbially in a number of time expressions: утром: in the morning; днём: in the daytime/afternoon; вечером: in the evening; ночью: at

Преступление и наказание

сказа́ть, забыва́л о гла́вном и прилепля́лся[9] к мелоча́м. Впро́чем,[10] загляну́в на ку́хню и увида́в на ла́вке[11] ведро́, наполови́ну по́лное воды́, он догада́лся вы́мыть себе́[12] ру́ки и топо́р. Ру́ки его́ бы́ли в крови́ и ли́пли.[13] Топо́р[14] он опусти́л ле́звеем пря́мо в во́ду, схвати́л лежа́вший на око́шке, на раско́лотом[15] блю́дечке, кусо́чек мы́ла и стал, пря́мо в ведре́, отмыва́ть себе́ ру́ки. Отмы́в их, он вы́тащил и топо́р, вы́мыл желе́зо, и до́лго, мину́ты с три, отмыва́л де́рево, где закровени́лось.[16] Зате́м всё оттёр бельём, кото́рое тут же суши́лось на верёвке, протя́нутой че́рез ку́хню, и пото́м до́лго, со внима́нием, осма́тривал топо́р у окна́. Следо́в не остава́лось, то́лько дре́вко[17] ещё бы́ло сыро́е. Тща́тельно вложи́л он топо́р в пе́тлю, под пальто́. Зате́м, ско́лько позволя́л свет в ту́склой ку́хне, осмотре́л пальто́, пантало́ны, сапоги́. Снару́жи, с пе́рвого взгля́да, как бу́дто ничего́ не́ было; то́лько на сапога́х бы́ли пя́тна. Он намочи́л тря́пку и оттёр сапоги́. Он знал, впро́чем, что нехорошо́ разгля́дывает, что, мо́жет быть, есть что́-нибудь в глаза́ броса́ющееся, чего́ он не замеча́ет. В

---

night; весно́й: in spring; ле́том: in summer; о́сенью: in autumn; зимо́й: in winter; часа́ми: for hours on end; года́ми: for years on end; времена́ми: at times.

[9] **прилепля́лся к**: was sticking to.
[10] **впро́чем**: however, nevertheless.
[11] **ла́вка**: bench.
[12] **себе́**: as an unstressed particle suggests that an action is in one's interest or for one's pleasure.
[13] **ли́пли**: stuck.
[14] **топо́р он опусти́л ле́звеем**: he lowered the ax blade.
[15] **раско́лотый**: broken.
[16] **закровени́лось**: it was covered with blood.
[17] **дре́вко**: wooden handle.

раздумьи стал он среди[18] комнаты. Мучительная, тёмная мысль поднималась в нём, — мысль, что он сумасшествует,[19] и что в эту минуту не[20] в силах ни рассудить, ни себя защитить, что вовсе, может быть,
5 не то надо делать, что он теперь делает... «Боже мой! Надо бежать, бежать!» пробормотал он и бросился в переднюю. Но здесь ожидал его такой ужас, какого, конечно, он ещё ни разу не испытывал.

Он стоял, смотрел и не верил глазам своим:
10 дверь, наружная дверь, из прихожей на лестницу, та самая, в которую он давеча[21] звонил и вошёл, стояла отпертая,[22] даже на целую ладонь приотворенная:[23] ни замка, ни запора, всё время, во всё это время!

15 Он кинулся к дверям и наложил запор.

— Но нет, опять не то! Надо идти, идти...

Он снял запор, отворил дверь и стал слушать на лестницу.

Долго он выслушивал. Где-то, далеко, внизу,
20 громко кричали чьи-то[24] два голоса, спорили, и бранились. Он ждал терпеливо. Наконец, разом всё утихло. Он уже хотел выйти, но вдруг этажом[25] ниже с шумом растворилась дверь на лестницу, и кто-то стал сходить вниз, напевая какой-то мотив.[26]

[18] **среди**: in the middle of.
[19] **сумасшествовать**: act recklessly.
[20] **не в силах**: not in a condition.
[21] **давеча**: recently.
[22] **отпертый**: unlocked.
[23] **приотворенный**: left ajar.
[24] **чей-то**: somebody's.
[25] **этажом**: on the floor (story). A rare use of the instrumental without preposition to indicate place. Cf. дорогой: on the way.
[26] **мотив**: tune.

Преступле́ние и наказа́ние

«Как[27] это они́ так всё шумя́т!» мелькну́ло в его́ голове́. Он опя́ть притвори́л за собо́ю дверь и пережда́л. Наконе́ц, всё умо́лкло, ни души́. Он уже́ ступи́л бы́ло шаг на ле́стницу, как вдруг опя́ть послы́шались чьи́-то но́вые шаги́.

Э́ти шаги́ послы́шались о́чень далеко́, ещё в са́мом нача́ле ле́стницы, но он о́чень хорошо́ и отчётливо[28] по́мнил, что с пе́рвого же зву́ка, тогда́ же стал подозрева́ть почему́-то, что э́то[29] непреме́нно *сюда́*, в четвёртый эта́ж, к стару́хе. Почему́? Зву́ки, что́-ли,[30] бы́ли таки́е осо́бенные, знамена́тельные? Шаги́ бы́ли тяжёлые, ро́вные, не спе́шные. Вот уж *он* прошёл пе́рвый эта́ж, вот подня́лся ещё; всё слышне́й и слышне́й! Послы́шалась тяжёлая оды́шка входи́вшего. Вот уж и тре́тий эта́ж начался́... Сюда́! И вдруг показа́лось ему́, что он то́чно окостене́л, что э́то то́чно во сне, когда́ сни́тся, что догоня́ют, бли́зко, уби́ть хотя́т, а сам то́чно приро́с к ме́сту, и рука́ми пошевели́ть нельзя́.

И наконе́ц, когда́ уже́ гость стал поднима́ться в четвёртый эта́ж, тут то́лько он весь вдруг встрепену́лся и успе́л-таки[31] бы́стро и ло́вко проскользну́ть наза́д из сене́й в кварти́ру и притвори́ть за собо́й дверь. Зате́м схвати́л запо́р и ти́хо, неслы́шно,

---

[27] **как это**: how. The unstressed particle это may be joined with a preceding interrogative pronoun or adverb to emphasize either.

[28] **отчётливо**: distinctly.

[29] **э́то**: they (that is, the steps). The pronominal neuter singular form э́то can refer to or explain something recently mentioned or having taken place, or which is now taking place in one's presence.

[30] **что́-ли**: perhaps.

[31] **успе́л-таки**: succeeded.

насади́л[32] его́ на пе́тлю. Инсти́нкт помога́л. Ко́нчив всё, он притаи́лся не дыша́, пря́мо сейча́с у две́ри. Незва́ный гость был уже́ то́же у двере́й.[33] Они́ стоя́ли тепе́рь друг про́тив дру́га, как да́веча он
5 со стару́хой, когда́ дверь разделя́ла их, и он прислу́шивался.

Гость схвати́лся[34] за колоко́льчик и кре́пко позвони́л.

Как то́лько звя́кнул жестяно́й звук колоко́льчика,
10 ему́ вдруг как бу́дто почу́дилось, что в ко́мнате пошевели́лись. Не́сколько секу́нд он да́же серьёзно прислу́шивался. Незнако́мец[35] звя́кнул ещё раз, ещё подожда́л, и вдруг, в нетерпе́нии, изо[36] всей си́лы стал дёргать ру́чку у двере́й. В у́жасе смотре́л
15 Раско́льников на пры́гавший в пе́тле крюк запо́ра и с тупы́м стра́хом ждал, что вот-во́т[37] и запо́р сейча́с вы́скочит. Действи́тельно, э́то каза́лось возмо́жным: так си́льно дёргали.[38] Он было́ взду́мал придержа́ть запо́р руко́й, но *тот* мог догада́ться.
20 Голова́ его́ как бу́дто опя́ть начина́ла кружи́ться. «Вот упаду́!» промелькну́ло в нём...

---

[32] **насади́л его́ на пе́тлю**: fastened the lock (that is, put the hook into the metal loop).

[33] **у двере́й**: at the door. The plural две́ри sometimes is used for the singular дверь.

[34] **схвати́лся за**: seized.

[35] **незнако́мец**: the stranger.

[36] **изо всей си́лы = изо всех сил**: with all his might.

[37] **вот-во́т**: a little more and.

[38] **дёргали**: it (the handle) was pulled. This is the impersonal use of the plural; only one man was pulling the handle.

Преступлéние и наказáние

Отвéтьте по-русски:

1. Какóе чýвство испытывал Раскóльников пóсле вторóго убийства?
2. Что он хотéл сдéлать в это врéмя?
3. В сáмом дéле что он сдéлал?
4. Что он узнáл насчёт двéри?
5. Почемý он не срáзу ушёл?
6. Когó разделяла дверь недáвно?
7. Что сдéлал «гость»?
8. Когдá Раскóльникову показáлось, что в кóмнате пошевелились, что он моментáльно забывáл?
9. Раскóльников волновáлся?

Translation into Russian

(With emphasis on prepositions used with the accusative case)

1. He examined the ax and lowered it directly into the water.
2. He stood in the room about a minute.
3. During all these minutes he suspected that he should not be doing what he was doing.
4. He wanted to step onto the staircase.
5. Someone was coming to the fourth floor.
6. In a minute he will fall against the door.
7. He put the ax under his black coat, into the loop.

Hints on Stress

(Feminine nouns and suffixes in -ь)

All nouns in this group which are used only in the singular have a fixed stress on the stem: мощь, молодёжь. However, note the following expressions with в or на: в грязи́, в пыли́, в Твери́, в тиши́, на Руси́.

The more important monosyllabics with fixed stress on the stem are боль, жизнь, мысль, нить, связь (but note в связи́: in connection), смесь, ткань, цель.

The more important dissyllabics with fixed stress on the stem are арте́ль, дуэ́ль, е́ресь, крова́ть, ладо́нь, о́сень, печа́ль, тетра́дь.

Some trisyllabics with fixed stress on the stem: за́поведь, о́трасль.

Compound words or those with prefix or suffix have fixed stress on the stem: ру́копись, о́ттепель, ра́дость.

The more important monosyllabics which stress the stem in the singular and nominative-accusative plural but which shift to ending stress in the other cases of the plural are (the nominative singular and genitive plural forms are given) бровь – брове́й, вещь – веще́й, власть – власте́й, грудь – груде́й, дверь – двере́й, дочь – дочере́й, кость – косте́й, кровь – крове́й, мать – матере́й, ночь – ноче́й, ось – осе́й, печь – пече́й, речь – рече́й, роль – роле́й, сеть – сете́й, смерть – смерте́й, соль – соле́й, степь – степе́й, страсть – страсте́й, тень – тене́й, треть – трете́й, цепь – цепе́й, часть – часте́й, честь – честе́й, шерсть – шерсте́й, щёлочь – щелоче́й. For some of the nouns above note these expressions with в or на: в кости́, в крови́, в ночи́, в сети́, в степи́, в тени́, в чести́, на груди́, в двери́, на печи́, на цепи́.

The more important dissyllabics which stress the stem in the singular and nominative-accusative plural but which shift to ending stress in the rest of the plural are до́лжность, -те́й; кре́пость, -те́й; ло́шадь, -де́й; ме́лочь, -че́й; но́вость, -те́й; о́бласть, -те́й; пло́скость, -те́й; пло́щадь, -де́й; по́весть, -те́й; ско́рость, -те́й; сте́пень, -не́й; це́рковь, -кве́й; че́тверть, -те́й.

Note also the trisyllabic о́чередь – очереде́й.

The important suffix -ость, which is used to form nouns representing abstractions, may be added to the stem of an adjective or passive participle. The stress is fixed and is on the same syllable as in the original stem to which the suffix was added. Note глу́пость based on глу́пый, ви́димость based on ви́димый, воспи́танность based on воспи́танный.

Reading Eleven

Verbs to Learn

восклицáть; воскли́кнуть, -ну, -нешь exclaim
засыпáть; заснýть, -ну, -нёшь fall asleep
красть, крадý, крадёшь (past: крал); укрáсть (past: укрáл) steal
обвинять; обвини́ть, -ню, -ни́шь accuse
обвиня́ться be accused
обнимáть; обня́ть, обнимý, обни́мешь (past: óбнял, обняла́, óбняло) embrace
обнимáться; обня́ться (past: обня́лся́, обняла́сь) embrace one another
переставáть, -таю́, -таёшь; перестáть, -áну, -áнешь stop, cease
предполагáть; предположи́ть, -ожý, -óжишь suppose, assume; (imperfective only) intend
просыпáться; проснýться, -нýсь, -нёшься wake up
склоня́ть; склони́ть, -оню́, -óнишь incline or bend (something)
склоня́ться; склони́ться incline or bend (oneself)
существовáть, -твýю, -твýешь exist
торопи́ть, -оплю́, -óпишь; поторопи́ть hurry (somebody or something)
торопи́ться; поторопи́ться be in a hurry
трясти́, трясý, трясёшь (past: тряс, трясла́) shake (something)
трясти́сь be shaking
удéрживать; удержáть, -ержý, -éржишь hold back or restrain (somebody or something), retain
удéрживаться; удержáться keep one's balance, refrain from (used with от and genitive)
целовáть, -лýю, -лýешь; поцеловáть kiss
шептáть, шепчý, шéпчешь; пошептáть whisper

ИЗ РОМА́НА «БРА́ТЬЯ КАРАМА́ЗОВЫ» (1879-80)* ДОСТОЕ́ВСКОГО

— Подпи́ла,[1] ба́рынка, подпи́ла, хоро́шенькая ба́рынка, — раздава́лись голоса́.

— Ми́тя, отведи́ меня́... возьми́ меня́, Ми́тя, — в бесси́лии проговори́ла Гру́шенька. Ми́тя ки́нулся к ней, схвати́л её на́ руки и побежа́л со свое́ю драгоце́нною добы́чей за занаве́ски... Ми́тя положи́л Гру́шеньку на крова́ть и впи́лся[2] в её гу́бы поцелу́ем.

— Не тро́гай меня́... — моля́щим го́лосом пролепета́ла она́ ему́, — не тро́гай, пока́[3] не твоя́... Сказа́ла, что твоя́, а ты не тро́гай... пощади́... При тех, по́дле тех нельзя́... Гну́сно здесь...

— Послу́шен! Не мы́слю... благогове́ю! — бормота́л Ми́тя. — Да, гну́сно здесь, о, презре́нно.

— И, не выпуска́я её из объя́тий, он опусти́лся по́дле крова́ти на́ пол, на коле́ни.[4]

---

* Dmitrii (Mitya) Karamazov and Grushenka (Grusha), who has been a woman of loose morals, love each other. Dmitrii has just come to the tavern to see her. Earlier Dmitrii had severely struck an old servant whose blood is now on himself. Unknown to Dmitrii his father has just been murdered. For several reasons Dmitrii is suspected of his father's murder.

[1] **подпи́ть**: become a bit drunk.

[2] **впи́лся в её гу́бы поцелу́ем**: gave her a burning kiss.

[3] **пока́ не**: until.

[4] **коле́ни**: knees. The singular is коле́но, which is neuter. There are three other neuter nouns (representing parts of the body occurring in pairs) with nominative and accusative plural in -и: у́хо – у́ши; плечо́ – пле́чи; о́ко – о́чи: eye(s), this last word being obsolete. The ending is a vestige of an ancient dual declension. Neuters in -ко have their nominative and accusative plural in -ки when the stress remains constant. The only common noun in this group is я́блоко – я́блоки.

Бра́тья Карама́зовы

— Я зна́ю, ты хоть и зверь, а ты благоро́дный, — тяжело́ выгова́ривала Гру́шенька, — на́до, чтоб э́то че́стно... впредь бу́дет че́стно... и чтоб и мы бы́ли че́стные, чтоб и мы бы́ли до́брые, не зве́ри, а до́брые... Увези́ меня́, увези́ далеко́, слы́шишь... Я здесь не хочу́, а что́бы далеко́, далеко́...

— О, да, да, непреме́нно! — сжима́л её в объя́тиях Ми́тя, — увезу́ тебя́, улети́м... О, всю жизнь за оди́н год отда́м сейча́с, что́бы то́лько не знать про э́ту кровь!

— Кака́я кровь? — в недоуме́нии переговори́ла[5] Гру́шенька.

— Ничего́! — проскрежета́л Ми́тя. — Гру́ша, ты хо́чешь, чтобы че́стно, а я вор. Я у Ка́тьки де́ньги укра́л... Позо́р, позо́р!

— У Ка́тьки? Э́то у ба́рышни? Нет, ты не укра́л. Отда́й ей, у меня́ возьми́... Что кричи́шь! Тепе́рь всё моё — твоё. Что нам де́ньги? Мы их и[6] без того́ прокути́м... Тако́вские чтобы не прокути́ли. А мы пойдём с тобо́ю лу́чше зе́млю паха́ть. Я зе́млю вот э́тими рука́ми скрести́ хочу́. Труди́ться на́до, слы́шишь? Алёша[7] приказа́л. Я не любо́вница[8] тебе́ бу́ду, я тебе́ ве́рная бу́ду, раба́ твоя́ бу́ду, рабо́тать[9] на тебя́ бу́ду. Мы к ба́рышне схо́дим[10] и покло́нимся[11] о́ба, чтобы прости́ла, и уе́дем. А не прости́т, мы и[12] так уе́дем. А ты

---

[5] **переговори́ла:** (in context) partly repeated.
[6] **и без того́:** as it is, anyway.
[7] Alyosha is the brother of Dmitrii (Mitya).
[8] **любо́вница:** mistress.
[9] **рабо́тать на:** work for.
[10] **схо́дим:** shall go.
[11] **поклони́ться:** (here) humbly ask.
[12] **и так:** as it is, anyway.

деньги ей снеси, а меня люби... А её не люби. Больше её не люби. А полюбишь, я её задушу. Я ей оба глаза иголкой выколю.

— Тебя люблю, тебя одну, в Сибири буду любить...

5 — Зачем в Сибирь? А что[13] ж, и в Сибирь, коли хочешь, всё равно... работать будем... в Сибири снег... Я по снегу люблю ехать... и чтобы колокольчик был... Слышишь, звенит колокольчик... Где это звенит колокольчик? Едут какие-то... вот
10 и перестал звенеть.

Она в бессилии закрыла глаза и вдруг как бы заснула на одну минуту. Колокольчик в самом деле звенел где-то в отдалении и вдруг перестал звенеть. Митя склонился головою к ней на грудь.
15 Он не заметил, как перестал звенеть колокольчик, но не заметил и того, как вдруг перестали и песни, и на место песен и пьяного гама во всём доме воцарилась[14] как бы внезапно мёртвая тишина. Грушенька открыла глаза.

20 — Что это, я спала? Да... колокольчик... Я спала и сон видела: будто я еду, по снегу... колокольчик звенит, а я дремлю. С милым человеком, с тобою еду будто. И далеко-далеко... Обнимала-целовала тебя, прижималась[15] к тебе, холодно
25 будто мне, а снег-то[16] блестит... Знаешь, коли ночью снег блестит, а месяц глядит, и точно я где[17]

---

[13] **что ж/же:** why not; very well, then; all right.

[14] **воцарилась мёртвая тишина:** a deathly silence set in.

[15] **прижималась к:** snuggled up to.

[16] **снег-то:** your snow there. The particle -то may be added to a word to lend emphasis or to impart an emotional familiar tone. This is to be distinguished from the particle -то added to interrogative pronouns and adverbs to give an idea of indefiniteness: кто-то, где-то, etc.

[17] **где:** somewhere. Sometimes где = где-нибудь.

Бра́тья Карама́зовы

на земле́... Просну́лась, а ми́лый-то по́дле, как хорошо́...

— По́дле, — бормота́л Ми́тя, целу́я её пла́тье, грудь, ру́ки. И вдруг ему́ показа́лось что́-то стра́нное: показа́лось ему́, что она́ гляди́т пря́мо пред собо́й, но не на него́, не в лицо́ ему́, а пове́рх его́ головы́, при́стально и до стра́нности неподви́жно. Удивле́ние вдруг вы́разилось в её лице́, почти́ испу́г.

— Ми́тя, кто э́то отту́да гляди́т сюда́ к нам? — прошепта́ла она́ вдруг. Ми́тя оберну́лся[18] и уви́дел, что в са́мом де́ле кто́-то раздви́нул занаве́ску и их как бы высма́тривает. Да и не оди́н как бу́дто. Он вскочи́л и бы́стро ступи́л к смотре́вшему.

— Сюда́, пожа́луйте к нам сюда́, — не гро́мко, но твёрдо и насто́йчиво проговори́л ему́ чей-то го́лос.

Ми́тя вы́ступил из-за занаве́ски и стал неподви́жно. Вся ко́мната была́ полна́ людьми́, но не да́вешними,[19] а совсе́м но́выми. Мгнове́нный озно́б[20] пробежа́л по спине́ его́, и он вздро́гнул. Всех э́тих люде́й он узна́л в оди́н миг.

* * * * * *

— Господа́... Что́[21] э́то вы, господа́? — проговори́л бы́ло Ми́тя, но вдруг, как бы вне себя́, как бы не сам[22] собо́й, воскли́кнул гро́мко, во[23] весь го́лос:

— По́-ни-ма́ю!

[18] **оберну́лся**: turned.
[19] **да́вешний**: recent.
[20] **озно́б**: chill.
[21] **что/что́ э́то**: why.
[22] **сам собо́й**: by himself (itself, etc.).
[23] **во весь го́лос**: at the top of his voice.

Молодо́й челове́к в очка́х вдруг вы́двинулся[24] вперёд и, подступи́в к Ми́те, на́чал, хоть и оса́нисто, но немно́го как бы торопя́сь:

— Мы име́ем к вам... одни́м сло́вом, я вас попрошу́ сюда́, вот сюда́, к дива́ну... Существу́ет настоя́тельная необходи́мость[25] с ва́ми объясни́ться.

— Стари́к! — вскрича́л Ми́тя в исступле́нии,[26] — стари́к и его́ кровь!... По́-ни-ма́ю!

И, как подко́шенный, сел, сло́вно упа́л, на по́дле стоя́вший стул.

— Понима́ешь? По́нял! Отцеуби́йца и и́зверг, кровь старика́-отца́ вопие́т[27] за тобо́ю! — заревёл внеза́пно, подступа́я к Ми́те, стари́к-испра́вник. Он был вне себя́, побагрове́л и весь так[28] и тря́сся.

— Но э́то невозмо́жно! — вскрича́л ма́ленький молодо́й челове́к. — Михаи́л Мака́рыч! Это не[29] так, не так-с!... Прошу́ позво́лить мне одному́ говори́ть... Я ника́к не мог предположи́ть от вас подо́бного эпизо́да...

— Но ведь э́то же бред, господа́, бред! — восклица́л испра́вник. — Посмотри́те на него́: но́чью, пья́ный, с беспу́тной[30] де́вкой и в крови́ отца́ своего́... Бред! Бред!

— Я вас изо всех сил попрошу́, голу́бчик[31], Михаи́л Мака́рыч, на сей раз удержа́ть ва́ши чу́вства, — зашепта́л бы́ло скороговоркой старику́ това́рищ прокуро́ра, — ина́че я принуждён бу́ду приня́ть...

[24] **вы́двинулся вперёд**: moved forward.
[25] **необходи́мость**: necessity.
[26] **в исступле́нии**: in a frenzy.
[27] **вопие́т**: is shouting loudly.
[28] **так и**: simply, just, exactly that (я так и сде́лал).
[29] **не так**: not the way it should be.
[30] **беспу́тная де́вка**: dissolute girl.
[31] **голу́бчик**: my dear fellow.

Бра́тья Карама́зовы

Но ма́ленький сле́дователь не́ дал доко́нчить; он обрати́лся к Ми́те, и твёрдо, гро́мко и ва́жно произнёс:

— Господи́н отставно́й пору́чик Карама́зов, я до́лжен вам объяви́ть, что вы обвиня́етесь в уби́йстве 5 отца́ ва́шего, Фёдора Па́вловича Карама́зова, происше́дшем[32] в э́ту ночь...

Он что́-то и ещё сказа́л, то́же и прокуро́р как бу́дто что́-то вверну́л,[33] но Ми́тя хоть и слу́шал, но уже́ не понима́л их. Он ди́ким взгля́дом озира́л их 10 всех...

Отве́тьте по-ру́сски:

1. По-Гру́шеньке, како́й был хара́ктер Ми́ти?
2. Она́ хо́чет, что́бы они́ жи́ли каки́м о́бразом в бу́дущем?
3. Где всё э́то бу́дет?
4. Ми́тя согла́сен?
5. Гру́шенька предлага́ет каку́ю рабо́ту?
6. Куда́ хо́чет пое́хать Ми́тя?
7. Почему́ Ми́тя вскочи́л?
8. Каки́е бы́ли но́вые лю́ди?
9. Ми́тя по́нял в чём де́ло?
10. В како́м преступле́нии обвини́ли Ми́тю?

Translation into Russian

(With emphasis on prepositions used with the instrumental)

1. He was embracing and kissing her behind the curtain.

---

[32] **происше́дшем:** which took place. The form is the past active participle of произойти́.

[33] **вверну́л:** put in.

2. He was bending over her, and they were talking with each other.
3. When she suddenly woke up, it seemed that somebody was standing above them.
4. In her face, below him, was expressed surprise.
5. Before him was a room filled with people, all of whom he recognized instantly.
6. Among these new people was an old man.
7. Knowing that they had come for him, he exclaimed, "I understand!"

Hints on Stress

(Neuter nouns in o/e, suffixes in -ие, -ение)

Most neuter nouns with stress on the stem in the nominative singular have fixed stress on the stem: го́рло, желе́зо, жела́ние.

However, a few stress the stem in the singular but the ending in the plural. The more important of these, mainly dissyllabic, are (forms given are nominative singular and plural, occasionally genitive plural): де́ло – дела́; зе́ркало – зеркала́, зерка́л; ме́сто – места́; мо́ре – моря́; не́бо – небеса́, небе́с; о́блако – облака́; по́ле – поля́; пра́во – права́; се́рдце – сердца́, серде́ц; сло́во – слова́; те́ло – тела́; чу́до – чудеса́, чуде́с. In this connection note that ле́то (summer), which seems to be used only in the singular, has fixed stress on the stem, whereas the plural noun лета́ (years) stresses the ending throughout. Note also that у́хо (ear) stresses the stem in the singular and nominative plural (у́ши) but the ending from the genitive plural (уше́й) on.

Only a few neuters have fixed stress on the ending, the most important being those with the suffix -ство stressed in the nominative singular, such as большинство́. Also included here are a few nouns used only in the singular: добро́, серебро́, тепло́.

A large number of dissyllabics with stressed ending in the singular stress the initial vowel in the plural. Some important nouns in this group are ведро́ – вёдра, вёдер; весло́ –

вёсла, вёсел; вино́ – ви́на; звено́ – зве́нья, зве́ньев; зерно́ – зёрна, зёрен; кольцо́ – ко́льца, коле́ц (note stress of genitive plural); лицо́ – ли́ца; окно́ – о́кна, о́кон; перо́ – пе́рья, пе́рьев; письмо́ – пи́сьма, пи́сем; пятно́ – пя́тна, пя́тен; ружьё – ру́жья, ру́жей; село́ – сёла; стекло́ – стёкла, стёкол; сукно́ – су́кна, су́кон; число́ – чи́сла, чи́сел; ядро́ – я́дра, я́дер; яйцо́ – я́йца, яи́ц (note stress of genitive plural).

Abstract nouns are formed by adding the suffixal ending -ие to adjectival stems and to verbal stems ending in -a- and -е-. The stress is fixed, on the same syllable as in the original stem. Note изоби́лие (изоби́льный), замеча́ние (замеча́ть), владе́ние (владе́ть).

Most neuters in -ение which are derived from verbal stems stress the initial vowel of the suffix. Note строе́ние (стро́ить), изобрете́ние (изобрести́).

Reading Twelve

Verbs to Learn

бить, бью, бьёшь; побить   beat
верить, верю, веришь; поверить   believe (somebody... *dative* used), believe in (somebody or something... в/во + accusative used)
врать, вру, врёшь (past: врал, врала, врало); соврать   (tell a) lie
изображать; изобразить, -ажу, -азишь (past passive participle: изображённый; short form: изображён, -ена, -ено)   portray, represent
кормить, кормлю, кормишь   feed
обдумывать; обдумать   consider carefully, think out/over
отнимать; отнять, -ниму, -нимешь (past: отнял, -няла, отняло)   take away
поправлять; поправить, -влю, -вишь   repair, set straight
поправляться; поправиться   recover (get better), improve
прятать, прячу, прячешь; спрятать   hide (something)
пытаться; попытаться   attempt
резать, режу, режешь; разрезать   cut
рисовать, -сую, -суешь; нарисовать   draw, depict
стоить, стою, стоишь   cost, be worth/worth while
удаваться, удаюсь, удаёшься; удаться, -амся, -ашься, -астся, -адимся, -адитесь, -адутся (past: удался, -алась) (often used impersonally with the dative)   succeed
ударять; ударить, -рю, -ришь   strike
удивлять; удивить, -влю, -вишь   astonish
хватать; хватить, хвачу, хватишь   be enough, suffice
хватать; схватить, -ачу, -атишь   seize, grab

ИЗ КНИГИ «ДЕТСТВО» (1913–1914)* МАКСИМА ГОРЬКОГО (1868–1936)

Поправились дела мои в школе, — дома разыгралась[1] скверная история: я украл у матери рубль.

* *Childhood* is an autobiographical account.
[1] **разыгралась скверная история:** a nasty incident erupted.

Détство

Это было преступлением без заранее обдуманного намерения: однажды вечером мать ушла куда-то, оставив меня домовничать[2] с ребёнком; скучая, я развернул одну из книг вотчима[3] и между страницами увидал два билета — в десять рублей и в рубль. Книга была непонятна, я закрыл её и вдруг сообразил, что за рубль можно купить не только «Священную историю»,[4] но, наверное,[5] и книгу о Робинзоне.[6] Что такая книга существует, я узнал незадолго перед этим в школе: в морозный день, во время перемены,[7] я рассказывал мальчикам сказку, вдруг один из них презрительно заметил:

— Сказки — чушь, а вот Робинзон, это — настоящая история!

Нашлось ещё несколько мальчиков, читавших Робинзона, все хвалили эту книгу, я был обижен, что бабушкина[8] сказка не понравилась, и тогда же решил прочитать Робинзона, чтобы тоже сказать о нём: это — чушь!

На другой день и принёс в школу «Священную историю» и два растрёпанных[9] томика сказок Андерсена, три фунта белого хлеба и фунт колбасы. В тёмной, маленькой лавочке был и Робинзон, тощая книжонка в жёлтой обложке, и на первом листе изображён бородатый человек в меховом колпаке,[10]

---

[2] **домовничать с ребёнком**: babysit.

[3] **вотчим** = **отчим**: stepfather.

[4] **«Священная история»**: *Sacred History*, a book which Alexis' teacher wanted him to get.

[5] **наверное**: probably.

[6] **Робинзон**: Robinson; i.e., Robinson Crusoe.

[7] **перемена**: interval between classes. At present this is usually about ten minutes.

[8] **бабушкина сказка**: old wive's tale.

[9] **растрёпанный**: tattered.

[10] **колпак**: cap.

в звериной шкуре на плечах, — это мне не понравилось, а сказки даже и по внешности были милые, несмотря на то, что растрёпаны.

Во время большой[11] перемены я разделил с мальчиками хлеб и колбасу, и мы начали читать удивительную сказку «Соловей» — она сразу взяла[12] за сердце.

«В Китае все жители — китайцы,[13] и сам император — китаец», — помню, как приятно удивила меня эта фраза[14] своей простой, весело улыбающейся музыкой и ещё чем-то удивительно хорошим.

Мне не удалось дочитать «Соловья» в школе — не хватило времени, а когда я пришёл домой, мать, стоявшая у шестка со сковородником[15] в руках, поджаривая яичницу, спросила меня странным голосом:

— Ты взял рубль?

— Взял; вот — книги...

Сковородником она меня и побила весьма усердно, а книги Андерсена отняла и навсегда спрятала куда-то, что было горше побоев.

Несколько дней я не ходил в школу, а за это время вотчим, должно быть, рассказал о подвиге моём сослуживцам, те — своим детям, один из них принёс эту историю в школу, и когда я пришёл учиться, меня встретили новой кличкой — вор. Коротко и ясно, но — неправильно: ведь я не

---

[11] **большая перемена**: noon day recess, now usually 20–30 minutes.

[12] **брать/взять за сердце**: make a strong impression.

[13] **китаец**: Chinese.

[14] **фраза**: sentence.

[15] **сковородник**: panhandle. It is detached, with a hook to be inserted into the hot pan.

Детство

скрыл, что рубль взят мною. Попытался объяснить это — мне не поверили, тогда я ушёл домой и сказал матери, что в школу не пойду больше.

Сидя у окна, снова беременная, серая,[16] с безумными, замученными глазами, она кормила брата Сашу и смотрела на меня, открыв рот, как рыба.

— Ты — врёшь, — тихо сказала она. — Никто не может знать, что ты взял рубль.

— Поди,[17] спроси.

— Ты сам проболтался.[18] Ну, скажи — сам? Смотри, я сама узнаю завтра, кто принёс это в школу!

Я назвал ученика. Лицо[19] её жалобно сморщилось и начало таять слезами.

Я ушёл в кухню, лёг на свою постель, устроенную за печью на ящиках, лежал и слушал, как в комнате тихонько воет[20] мать.

— Боже мой, боже мой...

Терпения не[21] стало лежать в противном запахе нагретых, сальных тряпок, я встал, пошёл[22] на двор, но мать крикнула:

— Куда ты? Куда? Иди ко мне!...

Потом мы сидели на полу, Саша лежал в[23] коленях матери, хватал пуговицы её платья и говорил:

[16] **серая:** uninteresting. The usual meaning is "gray."

[17] **поди = пойди.**

[18] **проболтался:** blabbed.

[19] **лицо её жалобно сморщилось:** she made a plaintive, wry face.

[20] **выть, вою, воешь:** wail.

[21] **не стать** (impersonal): cease to exist, disappear.

[22] **пошёл на двор:** set off to go outdoors. See footnote 1–9.

[23] **в коленях матери:** in mother's lap. The preposition is usually на.

— Бувуга, — что означало: пуговка.[24]

Я сидел, прижавшись[25] к боку матери, она говорила, обняв меня:

— Мы — бедные, у нас каждая копейка, каждая копейка...

И всё не договаривала чего-то, тиская меня горячей рукою.

— Экая дрянь[26]... дрянь! — вдруг сказала она слова, которые я уже слышал от неё однажды.

Саша повторил:

— Дянь!

Мать сделала, что обещала; в школе я снова устроился хорошо.

Однажды, во время вечернего чая, войдя со двора в кухню, я услыхал надорванный[27] крик матери:

— Евгений,[28] я тебя прошу, прошу...

— Глу-по-сти! — сказал вотчим.

— Но ведь я знаю, — ты к ней идёшь!

— Н-ну?

Несколько секунд оба молчали, мать закашлялась,[29] говоря:

— Какая[30] ты злая дрянь...

Я слышал, как он ударил её, бросился в комнату и увидал, что мать, упав на колени, оперлась[31] спиною и локтями о стул, выгнув грудь, закинув

---

[24] пуговка: small button.
[25] прижавшись к: snuggling up to.
[26] экая дрянь: what wretchedness.
[27] надорванный: anguished.
[28] Евгений: Eugene; i.e., her husband and Alexis' stepfather.
[29] закашляться: be seized with a fit of coughing.
[30] какая ты злая дрянь: what an evil good-for-nothing you are.
[31] оперлась... о: was leaning against.

Детство

го́лову, хрипя́[32] и стра́шно[33] блестя́ глаза́ми, а он, чи́сто оде́тый, в но́вом мунди́ре, бьёт её в грудь дли́нной свое́й ного́ю. Я схвати́л со стола́ нож с костяно́й[34] ру́чкой в серебре́, — им ре́зали хлеб, э́то была́ еди́нственная вещь, оста́вшаяся у ма́тери по́сле моего́ отца́, — схвати́л и со все́ю си́лою уда́рил во́тчима в бок.

По[35] сча́стью, мать успе́ла оттолкну́ть Макси́мова,[36] нож прое́хал по́ боку, широко́ распоро́в мунди́р и то́лько оцара́пав ко́жу. Во́тчим, о́хнув, бро́сился вон из ко́мнаты, держа́сь за бок, а мать схвати́ла меня́, приподняла́ и с рёвом бро́сила на́ пол. Меня́ о́тнял во́тчим, верну́вшись со двора́.

По́здно ве́чером, когда́ он всё-таки ушёл из до́ма, мать пришла́ ко мне за пе́чку, осторо́жно обнима́ла, целова́ла меня́ и пла́кала;

— Прости́, я винова́та! Ах, ми́лый, как ты мог? Ножо́м?

* * * * * *

Вспомина́я э́ти свинцо́вые[37] ме́рзости ди́кой ру́сской жи́зни, я мину́тами спра́шиваю себя́: да сто́ит ли говори́ть об э́том? И, с обновлённой[38] уве́ренностью, отвеча́ю себе́ — сто́ит; и́бо э́то — живу́чая, по́длая пра́вда, она́ не издо́хла[39] и по[40] сей день.

---

[32] **хрипя́**: wheezing.
[33] **стра́шно блестя́ глаза́ми**: with eyes gleaming terribly.
[34] **костяно́й**: ivory.
[35] **по сча́стью = к сча́стью**: fortunately.
[36] **Макси́мов**: *literally* belonging to Maxim (Alexis' father); i.e., Maxim's boy, or "little Maxim." It is a noun. The -ов- suffix is discussed in note 20, Reading 14.
[37] **свинцо́вые ме́рзости**: oppressively revolting phenomena.
[38] **обновлённый**: renewed.
[39] **издо́хнуть**: die.
[40] **по сей день**: to this day.

Это та правда, которую необходимо знать до корня, чтобы с корнем же и выдрать её из памяти, из души человека, из всей жизни нашей, тяжкой и позорной.

И есть другая, более положительная причина, понуждающая меня рисовать эти мерзости. Хотя они и противны, хотя и давят нас, до смерти расплющивая множество прекрасных душ, — русский человек всё-таки настолько[41] ещё здоров и молод душою, что преодолевает и преодолеет их.

Ответьте по-русски:

1. Какое преступление совершил мальчик (Алексей)?
2. Что он купил?
3. Почему Алексей не дочитал книги Андерсена?
4. Почему Алексей отказался больше ходить в школу?
5. Было очень весело в семье Алексея?
6. О чём мать и отчим спорили один раз?
7. После того, как отчим ударил мать, что сделал Алексей?
8. Почему Горький считает, что стоит рисовать такой мерзкий быт?

Translation into Russian

(With emphasis on the use of the prepositional case)

1. My affairs improved at school but not at home.
2. On the first page someone had drawn Robinson, who was portrayed in an animal skin.

---

[41] **настолько**: so.

Детство

3. I did not succeed in reading about this; there was not enough time.
4. He struck her in my presence.
5. My mother was on the floor.
6. He, dressed in a new uniform, was beating my mother.
7. Recalling these loathsome things, I sometimes ask myself: is it worthwhile talking about them?

Hints on Stress

(Neuters in -я; prepositions attracting the stress, derived adverbs)

The ten neuter nouns in -я all have fixed stress on the initial vowel in the singular. The plural, with the exception of знамя (знамёна, знамён) has ending or final stress (forms given are nominative singular and plural, occasionally genitive plural): бремя (plural rare); время – времена, времён; вымя (plural rare); имя – имена, имён; пламя (plural rare); племя – племена, племён; семя – семена, семян; стремя – стремена, стремян; темя (no plural).

Some prepositions, especially за and на, attract the stress from the first syllable of certain immediately following nouns. A number of these nouns represent parts of the body. Almost all are nouns with mobile stress. The feminine nouns in -а stress the -а in the nominative singular but have initial stress in the accusative singular and nominative-accusative plural. Almost all the other nouns stress the ending in the plural from the nominative or genitive case on. Most of these phrases are idiomatic.

With без: без году неделя: (used facetiously) briefly, not long ago.

With до: до смерти: exceedingly, to death (figuratively).

With за: за борт: overboard (direction); за город: out of the city (direction); за городом: out of the city (location); день за день: day in and day out; зуб за зуб: not giving an inch to each other, *also part of the Biblical expression "an eye for an eye, a tooth for a tooth*"; зá море: overseas (direction); зá морем: overseas (location); идти́ ногá зá ногу: to go slowly; води́ть зá нос: deceive; брать зá се́рдце: to move, make a strong impression on; сло́во зá сло́во: the conversation gradually unfolding.

With из: и́з дому: from the house, from home.

With на: ни нá во́лос: not at all; со дня нá день: from one day to the next, any day now; нá дом: to/for home (emphasis on the activity at home rather than the action of going there, in which case домо́й would probably be used); брать нá ду́шу: take the responsibility; как бог нá душу поло́жит: as it comes to one's head, as it will turn out; зуб нá зуб не попада́ет: the teeth are chattering; нá ноги: onto one's feet (figurative); э́то ему́ нá руку: that suits him perfectly; переда́ть с рук нá руки: hand over directly; положá ру́ку нá сердце: to be absolutely frank, in all openness; ве́рить нá сло́во: rely on one's word; сде́лать э́то нá смех: to do this as a joke; подня́ть его́ нá смех: make a laughing stock out of him, make fun of him; нá стену лезть: fly into a rage; говори́ть нá ухо: speak in somebody's ear; туг нá ухо: hard of hearing.

With о and от (which favor expressions repeating the noun in this connection): бок о́ бок: side by side, shoulder to shoulder; борт о́ борт: (of ships) alongside each other; рукá о́б руку: hand in hand, in friendly fashion; как о́б стену горо́х: to no avail; год о́т году: with each passing year; час о́т часу: (more and more) with each passing hour.

With по: идти́ по́ миру: become a beggar; пусти́ть по́ миру: make a beggar of someone; не по́ носу: not to one's liking or capacities; по́ сердцу: to one's liking; по́ уши: completely.

With под: по́д боком: nearby; по́д гору: downhill; по́д носом: under one's nose; i.e., very close; идти́ по́д руку: walk arm in arm; не говори́ мне по́д руку: don't talk to me when I'm busy; попа́сться по́д руку: turn up by chance.

With при: при́ смерти: near death.

With со: помира́ть со́ смеху: die from laughter.

по, за, and на often attract the stress when followed by the accusative of monosyllabic cardinal numerals. Notice especially зá пять дней до сро́ка: five days before the due date; помно́жить четы́ре нá два: multiply four by two; раздели́ть де́вять нá три: divide nine by three.

Détство

A number of expressions with stressed prepositions have become adverbs, for example: во́время: in time; до́верху: up to the top; до́низу: to the bottom; и́здали: from afar; на́бок: on one side, awry; разби́ть на́голову: defeat completely; на́двое: into two parts; на́смерть: to death, fatally; на́спех: in a hurry; на́трое: into three parts; о́троду не: not once in one's life; по́рознь: separately.

Reading Thirteen

Verbs to Learn

души́ть, душу́, ду́шишь; задуши́ть suffocate, strangle, oppress

натя́гивать; натяну́ть, -яну́, -я́нешь stretch, draw, pull

обма́нывать; обману́ть, -ану́, -а́нешь deceive

огорча́ть; огорчи́ть, -чу́, -чи́шь pain, distress

пережива́ть; пережи́ть, -живу́, -живёшь (past: пе́режил, пережила́, пе́режи́ло) experience, survive

переси́ливать; переси́лить, -лю, -лишь overpower, master

пла́кать, пла́чу, пла́чешь weep

прегражда́ть; прегради́ть, -ажу́, -ади́шь block, bar

предпочита́ть; предпоче́сть, -чту́, -чтёшь (past: предпочёл, предпочла́) prefer

разруша́ть; разру́шить, -шу, -шишь destroy, demolish

расстра́ивать; расстро́ить, -о́ю, -о́ишь disturb, cause disorder

расстре́ливать; расстреля́ть execute (by shooting)

сра́внивать; сравни́ть, -ню́, -ни́шь compare

ИЗ РОМА́НА «До́КТОР ЖИВА́ГО»[1] (1957) БОРИ́СА ЛЕОНИ́ДОВИЧА ПАСТЕРНА́КА (1890–1960)

Ю́рий Андре́евич возвраща́лся верхо́м из го́рода. Он в несчётный раз проезжа́л э́ти места́. Он привы́к к доро́ге, стал нечувстви́телен к ней, не замеча́л её.

Прошло́ бо́лее двух ме́сяцев с тех пор, как в одну́

---

[1] This reading has been excerpted, with some omissions, from the 1958 edition of *Doktor Zhivago* (pages 311–315) published by the University of Michigan Press (Copyright by Giangiacomo Feltrinelli Editore of Milan, Italy), which has granted permission for its use.

Dr. Zhivago (Iurii Andreevich) is in love with Lara (Larisa Fëdorovna) Antipova, whose husband is missing in the Civil War. While carrying on an affair with her, he still lives with his family and still retains affection and respect for his wife Tonya. Lara lives in town, Zhivago's family outside of town.

Доктор Живаго

из своих поездок в город он не вернулся к вечеру домой и остался у Ларисы Фёдоровны, а дома сказал, что задержался по делу в городе и заночевал на постоялом дворе. Он давно был на ты с Антиповой и звал её Ларою, а она его — Живаго. Юрий Андреевич обманывал Тоню и скрывал от неё вещи, всё более серьёзные и непозволительные. Это было неслыханно.[2]

Он любил Тоню до обожания. Мир её души, её спокойствие были ему дороже всего на свете. Он стоял[3] горой за её честь, больше чем её родной отец и чем она сама. В защиту её уязвлённой гордости он своими руками растерзал бы обидчика. И вот этим обидчиком был он сам.

Дома, в родном кругу, он чувствовал себя неуличённым преступником. Неведение домашних, их привычная приветливость убивали его. В разгаре общей беседы он вдруг вспоминал о своей вине, цепенел и переставал слышать что-либо кругом и понимать.

Если это случалось за столом, проглоченный кусок застревал в горле у него, он откладывал ложку в сторону, отодвигал тарелку. Слёзы душили его. «Что с тобой?» — недоумевала Тоня. — «Ты, наверное, узнал в городе что-нибудь нехорошее? Кого-нибудь[4] посадили? Или расстреляли? Скажи мне. Не бойся меня расстроить. Тебе будет легче».

Изменил ли он Тоне, кого-нибудь предпочтя[5]

---

[2] **неслыханный**: unprecedented.
[3] **стоять горой за**: defend with all one's might.
[4] **кого-нибудь посадили**: did they arrest somebody?
[5] **предпочтя**: preferring (literally: having preferred). The past adverbial participle (gerund) in -я will be discussed in Reading 23, note 6.

ей? Нет, он никого не выбирал, не сравнивал. Идеи «свободной любви», слова вроде «прав и запросов чувства» были ему чужды. Говорить и думать о таких вещах казалось ему пошлостью.[6]
5 В жизни он не срывал «цветов удовольствия», не причислял себя к полубогам и сверхчеловекам,[7] не требовал для себя особых[8] льгот и преимуществ. Он изнемогал под тяжестью нечистой совести.

Что будет дальше? — иногда спрашивал он себя,
10 и не находя ответа, надеялся на что-то несбыточное, на вмешательство каких-то непредвиденных приносящих разрешение, обстоятельств.

Но теперь было не так. Он решил разрушить узел силою. Он вёз домой готовое решение. Он
15 решил во всём признаться Тоне, вымолить у неё прощение и больше не встречаться с Ларою.

Правда,[9] тут не всё было гладко. Осталось, как ему теперь казалось, недостаточно ясным, что с Ларою он порывает на[10] веки вечные. Он объявил
20 ей сегодня утром о желании во всём открыться Тоне и о невозможности их дальнейших встреч, но теперь у него было такое чувство, будто сказал он это ей слишком смягчённо,[11] недостаточно решительно.

25 Ларисе Фёдоровне не хотелось огорчать Юрия Андреевича тяжёлыми сценами. Она постаралась выслушать его новость как можно спокойнее. Она искренне, без напускного[12] великодушия, тихо

[6] **пошлость**: vulgarity.
[7] **сверхчеловек**: superman.
[8] **особый**: special.
[9] **правда** (as introductory word): true, actually, though.
[10] **на веки вечные**: forever and ever.
[11] **смягчённо**: mildly.
[12] **напускной**: affected.

Доктор Живаго

приговаривала: «Делай, как тебе лучше, не считайся[13] со мною. Я всё переборю».[14] И не знала, что плачет, и не утирала слёз.

При мысли о том, что Лариса Фёдоровна поняла его превратно[15] и что он оставил её в заблуждении, с ложными надеждами, он готов был повернуть и скакать обратно в город, чтобы договорить оставшееся недосказанным, а главное, распроститься с ней гораздо горячее и нежнее, в большем соответствии с тем, чем должно быть настоящее расставание на всю жизнь, навеки. Он едва пересилил себя и продолжал путь.

Вдруг простейшая мысль осенила Юрия Андреевича. К чему торопиться. Он не отступит от слова, которое он дал себе самому. Разоблачение будет сделано. Однако, где сказано, что оно должно произойти сегодня? Ещё Тоне ничего не объявлено. Ещё не поздно отложить объяснение до следующего раза. Тем временем, он ещё раз съездит в город. Разговор с Ларой будет доведён до конца, с глубиной и задушевностью, искупающей все страдания. О, как хорошо! Как чудно! Как удивительно, что это раньше не пришло в голову!

При допущении, что он ещё раз увидит Антипову, Юрий Андреевич обезумел от радости. Сердце часто забилось у него. Он всё снова пережил в предвосхищении.[16]

Он идёт к ней... Домишки пригорода мелькают, проносятся мимо, как страницы быстро перелистываемой книги, не так, как когда их переворачиваешь

---

[13] **считаться со мной:** take me into consideration.
[14] **переборо́ть:** overcome.
[15] **превратно:** wrongly.
[16] **предвосхищение:** anticipation.

указа́тельным па́льцем, а как когда́ мя́кишем[17] большо́го по их обре́зу с тре́ском прогоня́ешь их все. Как он лю́бит э́ти знако́мые до́мики по пути́ к ней! Так и подхвати́л бы их с земли́ на́ руки и расцело-
5 ва́л!

Ю́рий Андре́евич бро́сил пово́дья, пода́лся вперёд с седла́, о́бнял коня́ за ше́ю, зары́л лицо́ в его́ гри́ве. Приня́в э́ту не́жность за обраще́ние[18] ко всей его́ си́ле, конь пошёл вскачь.

10 На пла́вном полёте гало́па, в промежу́тке ме́жду ре́дкими, е́ле[19] заме́тными прикоснове́ниями коня́ к земле́, кото́рая всё вре́мя отрыва́лась от его́ копы́т и отлета́ла наза́д, Ю́рий Андре́евич, кро́ме уда́ров се́рдца, бушева́вшего[20] от ра́дости, слы́шал ещё
15 каки́е-то кри́ки, кото́рые, как он ду́мал, мере́щились ему́.

Бли́зкий вы́стрел оглуши́л его́. До́ктор по́днял го́лову, схвати́вшись за пово́дья, и натяну́л их. Конь с разбе́га сде́лал не́сколько скачко́в вбок,[21]
20 попя́тился[22] и стал сади́ться на круп, собира́ясь стать[23] на дыбы́.

Поперёк доро́ги, прегражда́я её, стоя́ли три вооружённых вса́дника. Реали́ст[24] в фо́рменной фура́жке и поддёвке, перекрещённой пулемётными
25 ле́нтами, кавалери́ст в офице́рской шине́ли и ку-

---

[17] **мя́киш:** fleshy part.
[18] **обраще́ние:** (here) appeal.
[19] **е́ле:** hardly.
[20] **бушева́ть:** (here) surge.
[21] **вбок:** to the side.
[22] **попя́тился:** backed.
[23] **стать на дыбы́:** to rear.
[24] **реали́ст:** (here) student (specializing in science on the secondary level).

До́ктор Жива́го

ба́нке[25] и стра́шный, как маскара́дный ря́женый, толстя́к в стёганых штана́х, ва́тнике[26] и ни́зко надви́нутой попо́вской шля́пе с широ́кими поля́ми.

— Ни с ме́ста, това́рищ до́ктор, — ро́вно и споко́йно сказа́л ста́рший ме́жду трои́ми, кавалери́ст в куба́нке. — В слу́чае повинове́ния гаранти́руем вам по́лную невреди́мость. В проти́вном слу́чае, не прогне́вайтесь, пристре́лим.[27] У нас уби́т фе́льдшер в отря́де. Принуди́тельно вас мобилизу́ем, как медици́нского рабо́тника. Сле́зьте с ло́шади и переда́йте пово́дья мла́дшему това́рищу. Напомина́ю. При мале́йшей мы́сли о побе́ге церемо́ниться не бу́дем.

Отве́тьте по-ру́сски:

1. Кого́ обма́нывал Жива́го?
2. Он люби́л жену́?
3. Как он относи́лся к иде́е «свобо́дной любви́»?
4. Что он реши́л сде́лать, что́бы вы́йти из положе́ния?
5. Почему́ Жива́го хоте́л отложи́ть объясне́ние с жено́й?
6. Он ра́довался тому́, что он ещё раз уви́дит Ла́ру?
7. Почему́ он не дое́хал до её до́ма?

Translation into Russian

(With emphasis on the use of numerals)

1. Zhivago had two women in his life, and he was deceiving one of them.

---

[25] куба́нка: a lambskin cap.
[26] ва́тник: wadded jacket.
[27] пристре́лим: we shall shoot to kill.

2. I disturbed her a great deal when I told her that two men had been executed.
3. He was not comparing anyone, but sometimes he preferred to be with Lara.
4. Six handsome men can, without difficulty, distress sixty or even six hundred women. True or false?
5. He was experiencing pain, but he mastered himself and continued his journey.
6. Three armed horsemen were barring his way.

Hints on Stress
(Numerals)

Almost all the cardinal numerals stress the ending in the oblique cases (other than nominative or nominative-accusative). Those which do not do so form three rather compact groups: those denoting the teens, those denoting the -ty numbers 50–90 inclusive, and the large units тысяча, миллион, миллиард.

All the teen numerals (cardinal and ordinal) except the last two stress the second syllable: одиннадцать, двенадцать but восемнадцать, девятнадцать.

The stem is stressed in the case of оба/обе, обоих/обеих....

The collective numerals all stress the ending in oblique cases: двое, двоих...; пятеро, пятерых....

Most of the ordinal numerals which preserve the corresponding cardinal numeral with almost no change, such a пятый (пять), have the same stress as in the corresponding cardinal. Exceptions are the ordinals for 6–10 (восемь – восьмой) and for the -ty numbers 20–40 inclusive (двадцать – двадцатый) and 70–80 inclusive (семьдесят – семидесятый). For this group of exceptions the stress is either final (6–8, 40) or on the а/я preceding the final -т-: тридцатый. Incidentally, the а/я before the final -т- is stressed in all ordinals where they are found except those for the teens: пятидесятый but одиннадцатый, девятнадцатый.

Reading Fourteen

Verbs to Learn

владе́ть, -е́ю, -е́ешь (used with instrumental)   own, possess;
———— собо́й   control oneself
вытира́ть; вы́тереть, -тру, -трешь (past: вы́тер, вы́терла)
wipe dry or clean
догоня́ть; догна́ть, -гоню́, -го́нишь (past: догна́л, -ала́, -а́ло)
overtake, catch up
достава́ть, -стаю́, -стаёшь; доста́ть, -ста́ну, -ста́нешь   reach,
get, take out
зажига́ть; заже́чь, -жгу́, -жжёшь... -жгу́т (past: зажёг,
зажгла́, зажгло́)   set fire (to), light
кури́ть, курю́, ку́ришь (pres. act. part.: куря́щий)   smoke
любова́ться, -бу́юсь, -бу́ешься; полюбова́ться (with instrumental or на and accusative)   look at with admiration or
delight
перепры́гивать; перепры́гнуть, -ну, -нешь   jump over
погоди́ть, -ожу́, -оди́шь   wait a bit
немно́го погодя́   a little later
посыла́ть, посла́ть; пошлю́, пошлёшь   send
принадлежа́ть, -жу́, -жи́шь (when used with dative without
preposition)   belong to (an owner); ———— к   belong to
(be part of) a group
про́бовать, -бую, -буешь; попро́бовать   attempt, test
проявля́ть; прояви́ть, -явлю́, -я́вишь   show, manifest
пры́гать; пры́гнуть, -ну, -нешь   jump
стуча́ть, -чу́, -чи́шь   knock
сова́ть, сую́, суёшь; су́нуть, -ну, -нешь   thrust, shove
тере́ть, тру, трёшь (past: тёр, тёрла)   rub, polish
топта́ть, топчу́, то́пчешь   trample
храни́ть, -ню́, -ни́шь   keep, guard

ИЗ РОМА́НА «ТИ́ХИЙ ДОН» (1928–1940) МИХАИ́ЛА АЛЕКСА́НДРОВИЧА ШО́ЛОХОВА
(1905–)

[1] До име́ния Ягодного остава́лось не́сколько деся́тков вёрст.

«Иду́ вот к чужо́й жене́ на побы́вку, без угла́, без жилья́, как волк...» — ду́мал Григо́рий, шага́я с
5 равноме́рной уста́лостью, го́рько смея́сь над свое́й дико́винно сложи́вшейся [2] жи́знью.

Но́чью он был в Ягодном. Неслы́шно перепры́гнув че́рез забо́р, шёл ми́мо коню́шни — отту́да звуча́л гу́лкий ка́шель де́да [3] Са́шки. Григо́рий
10 останови́лся, окли́кнул:

— Дед Са́ша, спишь?

— Погоди́, кто тако́е? Го́лос спозна́ю...[4] Кто э́то?

Дед Са́шка, наки́нув зипу́н, вы́шел во двор.

15 — Отцы́-святи́тели![5] Гри́шка! Вот так гость!

Они обня́лись. Дед Са́шка, сни́зу засма́тривая в глаза́ Григо́рия, сказа́л:

— Зайди́, поку́рим.

---

[1] Gregory Melekhov, a young Cossack, is returning home on furlough during World War I after having distinguished himself in battle. He and Aksinya Astakhova, each unhappily married, had been living with each other. Aksinya is now working as a maid for Pan Listnitsky, a wealthy landowner. Unknown to Gregory, Aksinya has become the mistress of Listnitsky's son, Eugene.

[2] **сложи́вшейся**: formed.

[3] **дед**: (in this selection) old man. It is also used as a term of address.

[4] **го́лос спозна́ю**: the voice is familiar.

[5] **отцы́-святи́тели**: saintly monks!

Тихий Дон

— Нет, за́втра уж.[6] Пойду́.
— Зайди́, тебе́ говоря́т.[7]
Григо́рий не́хотя повинова́лся. Он присе́л на доща́тую крова́ть, ждал, пока́ дед Са́шка отка́шляется.[8]
Ну, ди́дко,[9] живёшь? Зе́млю то́пчешь?
— Топчу́ помале́нечку.[10] Я — как ружьё кремнёвое,[11] мне изно́су не бу́дет.
— Акси́нья?
— Что ж Акси́нья... Акси́нья сла́ва[12] бо́гу.
Дед нату́жно[13] зака́шлял. Григо́рий догада́лся, что ка́шель его́ притво́рен, скрыва́ет смуще́ние.
— Ну?
— Все жи́вы-здоро́вы. Пан вот попива́ет... Пьёт, глупо́й[14] челове́к, без рассу́дку.
— Акси́нья как?

---

[6] **за́втра уж**: let's make it tomorrow. Уж often is the same as уже (already), but it is also an emphasizing particle in its own right, sometimes meaning "truly, really, as a matter of fact," sometimes being a synonym of вот, or, as here, emphasizing the preceding adverb or pronoun.

[7] **тебе́ говоря́т**: it's an order. Perhaps pretending to use his prerogative of old age, Sashka insists by using the plural. In tsarist Russia serfs and servants used the third person plural in speaking about their master.

[8] **отка́шляется**: cleared his throat.

[9] **ди́дка** is a dialect form for де́дка = дед. In some dialects, feminine words ending in -a have a vocative case (now extinct in standard Russian) in -o.

[10] **помале́нечку** = помале́ньку.

[11] **кремнёвое**: flint.

[12] **сла́ва бо́гу**, meaning "thank God," may, as here, be a synonym for хорошо́.

[13] **нату́жно**: with an effort.

[14] **глупо́й** = глу́пый.

— Аксинья? Она в горничных[15] теперь.
— Я знаю.
— Ты бы покурить свернул?[16] А? Закуривай, у меня табачок первый сорт.
— Не хочу. Да ты говори, а[17] то уйду. Я чую, — Григорий тяжело повернулся, — чую, что ты слово какое-то, как камень за пазухой, держишь. Бей.
— Вдарю.[18] Силов[19] я не набрал молчать, и мне, Гриша, молчать прискорбно.
— Рассказывай же, — попросил Григорий с каменной тяжестью ласково опуская ладонь на дедово[20] плечо. Сгорбившись, ждал.

[15] **она в горничных**: she's a housemaid. Russian sometimes uses the preposition в and the plural of the noun to indicate some kind of status: служить в солдатах: serve as a soldier; общество выбрало меня в свои члены: the society elected me as a member.

[16] **ты бы покурить свернул**: wouldn't you like to (roll a cigarette to) smoke?

[17] **а то**: otherwise. Among the idiomatic meanings of this expression is the opposite of that given: "in such a case."

[18] **вдарю = ударю**.

[19] In standard Russian the genitive plural of сила is сил.

[20] **дедов**: the old man's. The suffix -ов-/-ев- may be added to a masculine animate noun representing an individual to form an adjective indicating ownership: адамово яблоко: Adam's apple. The endings for the nominative, genitive, dative, accusative, instrumental, and prepositional cases respectively are for the masculine singular: -——, -a, -y, (nom. or gen.), -ым, -ом; for the neuter singular: -о, -а, -у, -о, -ым, -ом; for the feminine singular: -а, -ой, -ой, -у, -ой, -ой; for the plural: -ы, -ых, -ым, (nom. or gen.), -ыми, -ых. However, it is actually more important to know the derived declension for Russian proper names in -ов (Некрасов), -ова (Уланова), and -овы (Карамазовы). This is the same as that of the cited adjectival forms except that the masculine prepositional singular has the ending -е.

Тихий Дон

— Змею ты грел! — вдруг резким фальцетом выкрикнул дед Сашка, нелепо топыря руки. — Гадюку прикормил! Она с Евгением свалялась![21]

На подбородок деда сползла бусинка[22] клейкой слюны. Дед смахнул[23] её, ладонь вытер о суровые[24] холщовые[25] подштанники.

— Верно говоришь?

— Сам видел. Каждую ночь к ней таскается.[26] Иди, он, должно,[27] и сейчас у ней.[28]

— Ну, что ж... — Григорий долго сидел, сгорбившись, выправляя мускул щеки, сведённый[29] судорогой.

— Баба — кошка: кто погладил, — к тому и ластится. А ты[30] не верь, веры не давай! — сказал дед Сашка.

Он свернул[31] Григорию цигарку, зажёг и сунул в руки.

— Покури.

Григорий два раза затянулся[32] и затушил в пальцах цигарку. Вышел молча. У окна людской остановился, глубоко и часто дышал, несколько раз

---

[21] сваляться с: engage in carnal love (vulgar).
[22] бусинка: bead.
[23] смахивать, смахнуть: whisk off.
[24] суровый: coarse, unbleached.
[25] холщовый: linen.
[26] таскается: goes.
[27] должно = должно быть.
[28] ней = неё.
[29] сведённый судорогой: seized by a convulsion.
[30] а ты не верь: and if you don't believe it. The imperative is sometimes used to express a condition.
[31] свернул цигарку: rolled a cigarette. Цигарка/цыгарка is rolled with paper, usually containing inferior tobacco. It is a substitute for папироса.
[32] затянулся: inhaled.

подыма́л ру́ку постуча́ть, но рука́ па́дала, как переби́тая.³³ Пе́рвый раз сту́кнул сде́ржанно, со́гнутым па́льцем, пото́м, не владе́я собо́й, привали́лся³⁴ к стене́ и бил кулака́ми в ра́му я́ростно, до́лго.

5 Мелькну́ло удлинённое³⁵ стра́хом лицо́ Акси́ньи. Она́ откры́ла дверь и вскри́кнула. Григо́рий обнима́л её здесь же в сенца́х, загля́дывал в глаза́.

— Стуча́л ты как, а я усну́ла... Не ждала́... Люби́мый мой!

10 — Озя́б я.

Акси́нья чу́вствовала, как в кру́пной дро́жи сотряса́ется всё большо́е те́ло Григо́рия, а ру́ки его́ пла́менно горячи́. Она́ проявля́ла чрезме́рную суетли́вость, зажгла́ ла́мпу, бе́гала по ко́мнате, разводи́ла ого́нь.

— Не ждала́... Давно́ не писа́л... Ду́мала, не придёшь ты... Ты получи́л после́днее письмо́? Хоте́ла тебе́ гости́нцев посла́ть, а пото́м, ду́маю, погожу́, мо́жет от него́ письмо́ получу́...

20 Она́ и́зредка взгля́дывала на Григо́рия. На кра́сных губа́х её не та́яла замёрзшая улы́бка.

Григо́рий сиде́л на ла́вке, не ски́дывая шине́ли. С необъя́тной тоско́й он бе́гло осмотре́л лицо́ Акси́ньи.

25 Она́ чертовски похороше́ла за вре́мя его́ отсу́тствия.

Что́-то но́вое, вла́стное³⁶ появи́лось... Губи́тельная, огнева́я³⁷ её красота́ не принадлежа́ла ему́. Ещё³⁸ бы, ведь она́ любо́вница па́нского сы́на.

---

³³ **переби́тая**: beaten off.
³⁴ **привали́лся**: leaned with all his weight.
³⁵ **удлинённый**: lengthened.
³⁶ **вла́стное**: authoritative.
³⁷ **огнева́я**: fiery.
³⁸ **ещё бы**: of course, how else could it be?

Тихий Дон

— Ты... не похожа на горнишную,[39] на экономку скорее.[40]

Она метнула пугливый взгляд, принуждённо засмеялась.

Григорий пошёл к двери.

— Ты куда?

— Покурить выйду.

На крыльце Григорий достал со дна солдатского подсумка[41] бережно завёрнутый в чистую рубаху расписной[42] платок. Его купил он в Житомире за два рубля и хранил как зеницу[43] ока, вынимал на походе и любовался его радугой цветов, предвкушая то восхищение, которое охватит Аксинью, когда он, вернувшись домой, развернёт перед ней узорчатую ткань. Жалкий подарок! Григорию ли соперничать в подарках с сыном богатейшего в верховьях Дона помещика? Поборов[44] подступившее сухое рыдание, Григорий разорвал платок на мелкие части, сунул под крыльцо.

* * * * * *

Утром Григорий надел шинель, пошёл в дом. Старый пан стоял у крыльца.

— Вот он, георгиевский[45] кавалер. Однако ты возмужа-а-а-ал,[46] брат!

---

[39] **горнишная** = **горничная**.

[40] **скорее:** (but) rather, sooner. Скорее всего: most probably. Скорее is also the comparative of скорый and скоро.

[41] **подсумок:** cartridge pouch.

[42] **расписной:** color decorated.

[43] **зеницу ока:** apple of his eye.

[44] **побороть:** fight down.

[45] **георгиевский кавалер:** holder of the Cross of St. George.

[46] **возмужать:** become a man.

Он козырнул[47] Григорию и протянул руку.

— Надолго прибыл?

— На две недели, ваше превосходительство.

На крыльцо, натягивая перчатки, выходил Евгений.

— Григорий? Ты откуда?

У Григория темнело в глазах, но он улыбался

— Из Москвы, в отпуск...

— Вот как. У тебя ранение[48] в глаз?

— Так точно.

— Я слышал. Каким он молодцом стал, а, папа?

Сотник[49] кивнул головой на Григория, повернулся лицом к конюшне.

— Никитич, лошадей!

Никитич кончил запряжку и подвёл к крыльцу рысака.

— Ваше благородие, дозвольте вас прокатить[50] по[51] старой памяти? — обратился Григорий к Евгению, заискивающе улыбаясь.

«Не догадывается, бедняк», удовлетворённо улыбнулся тот и блеснул из-под пенсне глазами.

— Что ж, сделай милость, поедем.

* * * * * *

Григорий рвал вожжами губы рысаку и довёл бег его до[52] предельной резвости. Они за четверть часа перевалили через бугор. В первой же ложбинке

[47] **козырнул:** saluted.
[48] **ранение:** wound.
[49] **сотник:** sotnik, Cossack cavalry officer, equivalent in rank to a lieutenant of the infantry.
[50] **прокатить:** drive.
[51] **по старой памяти:** for old time's sake.
[52] **до предельной резвости:** to top speed.

Тихий Дон

Григорий соскочил с козел и выдернул из-под сиденья кнут.

— Ты что?... — Сотник нахмурился.

— А вот... что!

Григорий коротко взмахнул кнутом, со страшной силой ударил сотника по лицу. Перехватив[53] кнут, он бил кнутовищем по лицу, по рукам, не давая сотнику опомниться.[54] Осколок разбитого пенсне врезался тому выше брови. На глаза падали кровяные струйки. Сотник вначале закрывал лицо руками, но удары учащались.[55] Он вскочил, с лицом, обезображенным подтёками[56] и яростью, пробовал защищаться, но Григорий, отступая, ударом в кисть парализовал ему правую руку.

— За Аксинью! За меня! За Аксинью! Ишо[57] тебе за Аксинью! За меня!

Кнут свистал.*************** Обессилев, сел в пролётку, гикнул и, губя рысачьи[58] силы, перевёл[59] коня на намёт. Пролётку бросил около ворот, комкая кнут, бежал в людскую.

Аксинья на гром откинутой двери оглянулась.

— Гадина!... Сука!...

Взвизгнув,[60] кнут обвил её лицо.

---

[53] **перехватив**: taking a new grip on.
[54] **опомниться**: come to his senses.
[55] **учащались**: came faster.
[56] **подтёк**: bruise.
[57] **ишо** = ещё.
[58] **рысачьи**: the trotter's. An adjective of possession based on рысак. This type of adjective is formed from animate nouns, frequently those representing animals. They have the same endings as третий.
[59] **перевёл коня на намёт**: shifted the horse's speed to a gallop.
[60] **взвизгнуть**: screeching.

Задыхаясь, Григорий выбежал во двор; не отвечая на вопросы деда Сашки, пошёл из имения. Версты через полторы его догнала Аксинья.

Она бурно дышала и шла рядом молча, изредка трогая рукой Григория.

На развилке[61] дорог сказала чужим, далёким голосом:

— Гриша, прости!

Григорий оскалил зубы, горбясь поднял воротник шинели.

Где-то позади осталась Аксинья. Григорий не оглянулся ни разу, не видел протянутых к нему Аксиньиных[62] рук.

Ответьте по-русски:

1. Было легко деду Сашке разговаривать с Григорием?
2. Он хотел говорить об Аксинье?
3. Григорий слышал новости об Аксинье и Евгении равнодушно?
4. Почему решил Григорий не подарить Аксинье платок?
5. В чём Григорий убедил Евгения?

---

[61] **развилка**: fork.

[62] **Аксиньиных**: Aksinya's. The suffix -ин- may be added to feminine (or masculine) animate nouns in -а/-я which represent an individual to form adjectives of possession: сестрина дочь: sister's daughter; дядина книга: uncle's book. The endings are the same as those of the possessive adjectives in -ов- (see note 20 above). These forms have given rise to Russian proper names, such as Пушкин, Ленин. The declension of these nouns is the same as that of the possessive adjective except that the masculine prepositional singular ends in -е.

Тихий Дон

6. Когда́ Евге́ний собира́лся уе́хать, что предложи́л Григо́рий?
7. Что сде́лал Григо́рий доро́гой?
8. Когда́ Григо́рий верну́лся, как он поступи́л с Акси́ньей?
9. Как вы ду́маете, Григо́рий и Акси́нья люби́ли друг дру́га?

Translation into Russian

(Emphasis on the indefinite and negative pronouns)

1. Did anybody jump over the fence noiselessly.
2. Sashka heard somebody and, a little later, asked, "Who is it?"
3. Sashka had something to tell Gregory, but at first he said nothing and tried to persuade Gregory to smoke.
4. Aksinya lit the lamp and wanted to talk with Gregory about something.
5. Gregory admired Aksinya but was not able to talk about anything seriously with her.
6. He was keeping the kerchief to give to her, but, in the end, he gave it to nobody.
7. Does her beauty belong to somebody?
8. After Aksinya overtook Gregory, did anybody say anything?
9. Gregory did not wish to speak with anybody and did not look back once.

Hints on Stress

(Pronouns сам, самый; positive degree of the adjective, long form.)

Distinguish between сам (-self), which stresses the ending except in the nominative plural (сáми), and сáмый (the most, the very), which always has initial stress. In the usual, unstressed texts the following stressed forms look alike: самогó – сáмого; самомý – сáмому; самóм – сáмом; самóй – сáмой.

The long forms of the adjective have fixed stress, either on the stem or the ending. When the stem is stressed, the masculine nominative singular ends in -ый/-ий, whereas the stressed ending for this form is -ой: бéлый, сńний, молодóй.

Reading Fifteen

Verbs to Learn

висе́ть, вишу́, виси́шь   hang (be suspended)
жа́ловаться, -луюсь, -луешься; пожа́ловаться   complain
заставля́ть; заста́вить, -влю, -вишь   force, compel
извиня́ть; извини́ть, -ню́, -ни́шь   excuse, pardon
каса́ться (used with genitive)   touch, concern
моли́ться, молю́сь, мо́лишься; помоли́ться   pray
направля́ть; напра́вить, -влю, -вишь   direct, turn, send
направля́ться; напра́виться   make one's way (to)
позволя́ть; позво́лить, -лю, -лишь   permit, allow (the person being permitted is expressed by the dative)
препя́тствовать, -ствую, -ствуешь   hinder, prevent (the person or thing being hindered is expressed by the dative)
прои́грывать; проигра́ть   lose (antonym of "win")
проклина́ть; прокля́сть, -кляну́, -кляне́шь (past: про́клял, прокляла́, про́кляло)   curse
протя́гивать; протяну́ть, -яну́, -я́нешь   stretch, stretch out
рассчи́тывать; рассчита́ть   calculate, count on
сле́довать, -дую, -дуешь; после́довать (used with за and the instrumental)   follow
смуща́ть; смути́ть, смущу́, смути́шь   confuse, disturb
смуща́ться; смути́ться   be confused
соглаша́ться; согласи́ться, -ашу́сь, -аси́шься   agree
удовлетворя́ть; удовлетвори́ть, -рю́, -ри́шь   satisfy
употребля́ть; употреби́ть, -блю́, -би́шь   use

ИЗ РОМА́НА «ГОСПОДА́ ГОЛОВЛЁВЫ» (1875–1880) МИХАИ́ЛА ЕВГРА́ФОВИЧА САЛТЫКО́ВА-ЩЕДРИ́НА (1826–1889)

¹ — Я, па́пенька, казённые де́ньги проигра́л, — ра́зом и ка́к-то ту́по вы́сказался Пе́тенька.

¹ Petenka, having at cards lost governmental money in his care, has come home in desperation to ask his father, Porfiry

Иудушка ничего не сказал. Только можно было заметить, как дрогнули у него губы. И, вслед затем, он, по обыкновению, начал шептать.

— Я проиграл три тысячи, — пояснил Петенька: — и ежели послезавтра их не внесу, то могут произойти очень неприятные для меня последствия.

— Что ж, внеси! — любезно молвил Порфирий Владимирыч.

— Несколько туров[2] отец и сын сделали молча. Петенька хотел объясняться дальше, но чувствовал, что у него захватило[3] горло.

— Откуда же я возьму деньги? — наконец выговорил он.

— Я, любезный друг, твоих источников не знаю. На какие ты источники рассчитывал, когда проигрывал в карты казённые деньги, — из тех и плати. Вы сами очень хорошо знаете, что в подобных случаях люди об источниках забывают!

— Ничего я, мой друг, не знаю. Я в карты никогда не игрывал — только вот разве с маменькой в дурачки[4] сыграешь,[5] чтоб потешить старушку. И, пожалуйста, ты меня в эти грязные дела не впутывай, а пойдём-ка лучше, чайку[6] попьём.

Vladimirich (nicknamed "Little Judas"), for help. He is not optimistic over his chances and has asked his paternal grandmother, Arina Petrovna, to put her curse upon her son in case of his father's refusal.

[2] **тур**: turn.

[3] **у него захватило горло**: something was gripping his throat.

[4] **дурачки** = **дураки**: a card game.

[5] **сыграешь**: I play (literally: one plays). The second person singular may be used to generalize an action.

[6] **чаёк** (here) = **чай.** **чайку** is the partitive genitive

Господа Головлёвы

Попьём да посидим, может, и поговорим об чём-нибудь, только уж, ради Христа, не об этом.

И Иудушка направился-было к двери, чтобы юркнуть в столовую, но Петенька остановил его.

— Позвольте, однако ж, — сказал он: — надобно[7] же мне как-нибудь выйти из этого положения!

Иудушка усмехнулся и посмотрел Петеньке в лицо.

— Надо, голубчик! — согласился он.

— Так помогите же!

— А это — это уж другой вопрос. Что надобно как-нибудь выйти из этого положения — это так, это ты правду сказал. А как выйти — это уж не моё дело!

— Но почему же вы не хотите помочь?

— А потому, во-первых, что у меня нет денег для покрытия твоих дрянных дел, а во-вторых — и потому, что вообще это до[8] меня не касается. Сам напутал[9] — сам и выпутывайся. Любишь[10] кататься — люби и саночки возить. Так-то,[11] друг. Я ведь и давеча с того начал, что ежели ты просишь правильно...

— Знаю, знаю. Много у вас на языке слов...

— Постой,[12] попридержи свой дерзости, дай мне досказать. Что это не одни слова — это я тебе сейчас докажу... Итак, я тебе давеча сказал: если

---

[7] надобно = надо.

[8] The use of до with касаться is now obsolete.

[9] напутать: make a mess of things.

[10] любишь кататься — люби и саночки возить (proverb): if you love to ride, love to carry the sleigh, i.e., you may have your fun, but be ready to pay for it.

[11] так-то: yes, really; just so.

[12] постой: wait a minute, hold on there!

ты будешь просить должного, дельного — изволь, друг! всегда готов тебя удовлетворить! Но ежели ты приходишь с просьбой не дельною — извини, брат! На дрянные дела у меня денег нет, нет и нет!
5 И не будет — ты это знай! И не смей говорить, что это одни «слова», а понимай, что эти слова очень близко граничат с делом.

— Подумайте, однако ж, что со мной будет!
— А что богу угодно, то и будет, — отвечал
10 Иудушка, слегка воздевая[13] руки и искоса поглядывая на образ.

Отец и сын опять сделали несколько туров по комнате. Иудушка шёл нехотя, словно жаловался, что сын держит его в плену. Петенька, подбочени-
15 шись, следовал за ним, кусая усы и нервно усмехаясь.

— Я последний сын у вас, — сказал он: — не забудьте об этом!

— У Иова,[14] мой друг, бог и всё взял, да он не
20 роптал, а только сказал: бог дал, бог и взял — твори, господи,[15] волю свою! Та́к-то, брат!

— То бог взял, а вы сами у себя отнимаете. Володя...[16]

— Ну, ты, кажется, пошлости начинаешь
25 говорить!

— Нет, это не пошлости, а правда. Всем известно, что Володя...

[13] **воздевать**: lift up.
[14] **Иов**: Job.
[15] **господи**: God, Lord. This is a surviving vocative form of **господь**. It may also be an exclamation: "Good heavens!"
[16] Volodya, i.e., Vladimir, Petenka's brother, who, as becomes clear, had committed suicide.

Господа Головлёвы   111

— Нет, нет, нет! Не хочу я твоей пошлости слушать! Да и вообще — довольно. Что надо было высказать, то ты высказал. Я тоже ответ тебе дал. А теперь пойдём и будем чай пить. Посидим да поговорим, потом поедим, выпьем на прощание — и с богом. Видишь, как бог для тебя милостив! И погодка[17] унялась, и дорожка поглаже стала. Полегоньку[18] да помаленьку, трюх[19] да трюх — и не увидишь, как доплетёшься[20] до станции!

— Послушайте! наконец, я прошу вас! ежели у вас есть хоть[21] капля чувства...

— Нет, нет, нет! не будем об этом говорить! Пойдём в столовую: маменька, поди,[22] давно без чаю соскучилась. Не годится старушку заставлять ждать.

Иудушка сделал крутой поворот и почти бегом направился к двери.

— Хоть уходите, хоть не уходите, я этого разговора не оставлю! — крикнул ему вслед Петенька: — хуже будет, как при свидетелях начнём разговаривать!

Иудушка воротился назад и встал прямо против сына.

— Что тебе от меня, негодяй, нужно... сказывай! — спросил он взволнованным голосом.

---

[17] погодка is a diminutive affectionate form of погода.
[18] полегоньку: not hurrying. Да помаленьку: little by little and bit by bit.
[19] трюх да трюх/трюх-трюх/трух-трух: clop-clop (leisurely travel by horse).
[20] доплетёшься: you will drag along.
[21] хоть: (here) at least.
[22] поди: probably, I dare say.

Reading Fifteen

— Мне нужно, чтоб вы заплатили те деньги, которые я проиграл.

— Никогда!

— Так это ваше последнее слово?

— Видишь? — торжественно воскликнул Иудушка, указывая пальцем на образ, висевший в углу: — это видишь? Это папенькино благословение... Так вот я при нём тебе говорю: никогда!!

И он решительным шагом вышел из кабинета.

— Убийца! — пронеслось вдогонку[23] ему.

* * * * * *

— Нет! я ещё не поеду. Я ещё в церковь пойду, попрошу панихиду по убиенном[24] рабе божием, Владимире, отслужить.[25]

— По самоубийце, то́-есть...

— Нет, по убиенном.

Отец и сын смотрят[26] друг на друга во все глаза. Так и кажется, что оба сейчас вскочат. Но Иудушка делает над собой нечеловеческое[27] усилие и оборачивается со стулом лицом к столу.

— Удивительно! — говорит он надорванным[28] голосом: — у-ди-ви-тель-но!

— Да, по убиенном! — грубо настаивает Петенька.

— Кто же его убил? — любопытствует Иудушка, повидимому, всё-таки, надеясь, что сын опомнится.

[23] вдогонку: in pursuit of.
[24] убиенный = убитый.
[25] отслужить: (here) celebrate.
[26] смотреть... во все глаза: stare.
[27] нечеловеческий: superhuman.
[28] надорванным голосом: in a strained voice.

Господа́ Головлёвы

Но Пе́тенька, нима́ло не смуща́ясь, выпа́ливает, как из пу́шки:

— Вы!!
— Я?

Порфи́рий Влади́мирыч не мо́жет прийти́ в себя́ от изумле́ния. Он торопли́во поднима́ется со сту́ла, обраща́ется лицо́м к о́бразу и начина́ет моли́ться.

— Вы! вы! вы! — повторя́ет Пе́тенька.

— Ну, вот! ну, сла́ва бо́гу! вот тепе́рь поле́гче ста́ло, как помоли́лся! — говори́т Иу́душка, вновь приса́живаясь к столу́: — ну, посто́й! погоди́! хоть мне, как отцу́, мо́жно бы́ло бы и не входи́ть с тобо́й в объясне́ния, — ну, да уж пусть бу́дет так! Ста́ло быть, по-тво́ему, я уби́л Воло́деньку?

— Да, вы!

— А по-мо́ему, э́то не так. По-мо́ему, он сам себя́ застрели́л. Я в то вре́мя был здесь, в Головлёве, а он — в Петербу́рге. При[29] чём же я тут мог быть? как мог я его́ за семьсо́т вёрст уби́ть?

— Уж бу́дто вы и не понима́ете?
— Не понима́ю... ви́дит бог, не понима́ю!
— А кто Воло́дю без копе́йки оста́вил? Кто ему́ жа́лованье прекрати́л? Кто?
— Те-те-те! Так заче́м он жени́лся про́тив жела́нья отца́?
— Да ведь вы же позво́лили?
— Кто? Я? Христо́с с тобо́й! Никогда́ я не позволя́л! Нннникогда́!
— Ну да, то-есть вы и тут по своему́ обыкнове́нию поступи́ли. У вас, ведь, ка́ждое сло́во де́сять значе́ний име́ет; пойди́, уга́дывай!

---

[29] **при чём/причём же я тут мог быть?**: What could I have to do with it?

— Никогда́ я не позволя́л! Он мне в то вре́мя написа́л: хочу́, па́па, жени́ться на Ли́дочке. Понима́ешь: «хочу́» а не «прошу́ позволе́ния». Ну, и я ему́ отве́тил: ко́ли *хо́чешь* жени́ться, так жени́сь, я препя́тствовать не могу́! То́лько[30] всего́ и бы́ло.

— То́лько всего́ и бы́ло, — поддра́знивает[31] Пе́тенька: — а ра́зве э́то не позволе́ние?

— То́-то,[32] что нет. Я что́ сказа́л? я сказа́л: не могу́ препя́тствовать — то́лько[33] и всего́. А позволя́ю и́ли не позволя́ю — э́то друго́й вопро́с. Он у меня́ позволе́ния и не проси́л, он пря́мо написа́л: *хочу́*, па́па, жени́ться на Ли́дочке — ну, и я насчёт позволе́ния умолча́л. *Хо́чешь* жени́ться — ну, и Христо́с с тобо́й! Жени́сь, мой друг — я препя́тствовать не могу́!

— А то́лько без куска́ хле́ба оста́вить мо́жете. Так вы бы так и писа́ли: не нра́вится, де́скать, мне твоё наме́рение, а потому́, хоть я тебе́ не препя́тствую, но, всё-таки, предупрежда́ю, чтоб ты бо́льше не рассчи́тывал на де́нежную по́мощь от меня́. По кра́йней ме́ре, тогда́ бы́ло бы я́сно.

— Нет, э́того я никогда́ не позво́лю себе́ сде́лать! Чтоб я стал употребля́ть в де́ло угро́зы совершенноле́тнему сы́ну — никогда́! У меня́ тако́е пра́вило, что я никому́ не препя́тствую! Захоте́л жени́ться — жени́сь! Ну, а насчёт после́дствий — не погнева́йся. Сам до́лжен был предусма́тривать — на то и ум тебе́ от бо́га дан. А я, брат, в чужи́е дела́ не вме́шиваюсь. И не то́лько сам не вме́шиваюсь, да не прошу́, чтоб и други́е в мои́ дела́ вме́шивались. Да, не

[30] **то́лько всего́:** no more than this.
[31] **поддра́знивать:** tease, incite, bait.
[32] **то́-то, что:** that is exactly what....
[33] **то́лько и всего́:** only this, nothing more.

Господа́ Головлёвы 115

прошу́, не прошу́, и да́же... запреща́ю! Слы́шишь ли, дурно́й, непочти́тельный сын, — за-пре-ща́ю!
— Запреща́йте, пожа́луй! Всем ртов не зама́жете!
— И хоть бы он раска́ялся! Хоть бы он по́нял, что отца́ оби́дел! Ну, сде́лал по́шлость — ну, и раска́йся! Попроси́ проще́ния! Прости́те-мол,[34] ду́шенька па́пенька, что вас огорчи́л! А то на́тко![35]
— Да, ведь, он писа́л вам; он объясня́л, что ему́ жить не́чем, что до́льше ему́ терпе́ть нет сил...
— С отцо́м не объясня́ются-с. У отца́ проще́ния про́сят — вот и всё.
— И э́то бы́ло. Он так был изму́чен, что и проще́нья проси́л. Всё бы́ло, всё!
— А хоть бы и так — опя́ть-таки[36] он не прав. Попроси́л раз проще́нья, ви́дит, что па́па не проща́ет — и в друго́й раз попроси́!
— Ах, вы!
Сказа́вши э́то, Пе́тенька вдруг перестаёт кача́ться на сту́ле, обора́чивается к столу́ и облока́чивается на него́ обе́ими рука́ми.
— Вот и я... — чуть слы́шно произно́сит он.
Лицо́ его́ постепе́нно искажа́ется.
— Вот и я... — повторя́ет он, разража́ясь истери́ческими рыда́ниями.
— А кто ж вино...
Но Иу́душке не удало́сь поко́нчить своё поуче́ние, и́бо в э́ту са́мую мину́ту случи́лось не́что соверше́нно неожи́данное. Во вре́мя опи́санной сейча́с перестре́лки, об Ари́не Петро́вне сло́вно позабы́ли. Но она́ отню́дь не остава́лась равноду́шной зри́тельницей

---

[34] **мол**: he says, he would say. мол indicates that the words are another's.
[35] **на́тко**: who would have expected that.
[36] **опя́ть-таки**: and still, however, again.

этой семейной сцены. Напротив того, с первого же взгляда можно было заподозрить, что в ней происходит что-то не совсем обыкновенное, и что, может быть, настала минута, когда перед умственным её оком предстали во всей полноте и наготе итоги её собственной жизни. Лицо её оживилось, глаза расширились и блестели, губы шевелились, как-будто хотели сказать какое-то слово — и не могли. И вдруг, в ту самую минуту, когда Петенька огласил столовую рыданиями, она грузно поднялась с своего кресла, протянула вперёд руку, и из груди её вырвался вопль:

— Прро-кли-ннааю!

Ответьте по-русски:

1. Почему Петенька был в трудном положении?
2. Чего он попросил у отца?
3. Почему отец не хотел помочь?
4. По-Петеньке кто убил Володю?
5. Когда Петенька обвинил Иудушку, что прежде всего сделал Иудушка?
6. Почему Володе так трудно было после того, как он женился?
7. По-Иудушке что должен был Володя сделать прежде чем он женился?
8. И что он должен был сделать после того, как он женился?
9. По-вашему отец хотел простить сына?
10. В конце концов что сделала мать Иудушки?

Господа́ Головлёвы

Translation into Russian
(With emphasis on pronominal adjectives)

1. Whose was the money which Petenka lost?
2. Where are all those sources on which you were counting?
3. Would each of you agree to help this man to get out of such a situation?
4. This affair does not concern me.
5. I never force any man to wait.
6. The man whom you were following was making his way towards the door when his grandmother shot him.
7. I shall never permit that such a son as you should interfere.
8. You are using threats in my affair!
9. Pray, because your mother will curse you!

Hints on Stress
(Adjectival prefixes and suffixes)

In adjectives containing a prefix the prefix is usually not stressed: подзе́мный: underground; предма́йский: pre-May. However, a number of adjectives with the prefix вы-, especially those derived from perfective verbs, stress this prefix: вы́держанный: self-restrained.

The following adjectival suffixes are stressed: -ав/яв-, -ляв-: крова́вый, кудря́вый, костля́вый; -анск/янск-, -ианск/ьянск- (used with adjectives formed from nouns in -анец/янец, -ианец/ьянец); америка́нский, италья́нский; -альн-: центра́льный; -арн/ярн-; элемента́рный, молекуля́рный; -ит-: знамени́тый; -ив-: лени́вый; -тивн-: декорати́вный; -ийск- (from foreign nouns): альпи́йский; -истск-: большеви́стский; -ическ- (primarily from international words): коми́ческий; -ивн-: прогресси́вный; -ичн-: типи́чный;

-онн-: реакцио́нный. Ми́лостивый and юро́дивый are exceptions.

Adjectives with suffixes in -енск- (mainly from geographical nouns) and -енн- stress the stem: пе́нзенский, иску́сственный. Adjectives with the suffix -ск- almost always have stem stress: све́тский. But note донско́й, мужско́й.

In the following cases the stress is on the vowel preceding the suffix: adjectives from infinitives in -ать and -ить with suffix -льн- (with connotation "serving a purpose"): купа́льный, суши́льный; adjectives indicating time or place with suffix -н- before a soft ending: весе́нний, вече́рний, пере́дний; adjectives with the suffix -тельн-: замеча́тельный (exception: после́довательный).

Adjectives with the suffix -ов/ев-, usually formed from nouns, usually stress the stem: столо́вый. However, some, which are formed from nouns with mobile stress and with stressed ending in the nominative plural, stress the ending: валово́й, голосово́й, городово́й, делово́й, мирово́й: also бредово́й, formed from noun without a plural. Note полово́й (floor, sexual).

With the suffix -н- before the hard ending the stem is usually stressed: голо́дный. But some adjectives, especially those relating to parts of the body, stress the ending. Note брюшно́й, взрывно́й, глазно́й, головно́й, грудно́й, губно́й, зубно́й, лесно́й, мясно́й, ножно́й, ручно́й, спинно́й, степно́й, ушно́й.

Reading Sixteen

Verbs to Learn

бере́чь, берегу́, бережёшь... берегу́т (past: берёг, берегла́, берегло́) preserve, guard, save

бере́чься be careful, beware (of)

вздыха́ть; вздохну́ть, -ну́, -нёшь sigh, take a deep breath, yearn (for)

выводи́ть, вывожу́, выво́дишь; вы́вести, -веду, -ведешь (past passive participle: вы́веденный) take or lead out, conclude, infer

добавля́ть; доба́вить, -влю, -вишь add (supplement)

забо́титься, -о́чусь, -о́тишься; позабо́титься (used with о and prepositional) look after, trouble oneself (about)

запира́ть; запере́ть, -пру́, -прёшь (past: за́пер, -рла́, за́перло) lock, shut

извеща́ть; извести́ть, -ещу́, -ести́шь inform, let it be known

ка́яться, ка́юсь, ка́ешься; пока́яться repent, confess

лить, лью, льёшь (past: лил, лила́, ли́ло) pour (something), be pouring

мо́лвить, мо́лвлю, мо́лвишь, imperfective and perfective (obsolete, but common in nineteenth-century literature) say

налива́ть; нали́ть, -лью́, -льёшь (past: на́лил, налила́, на́лило) pour out, fill

отрица́ть deny

полива́ть; поли́ть, -лью́, -льёшь (past: по́лил, полила́, по́лило) pour on, begin to pour

полива́ться; поли́ться (past: поли́лся, полила́сь, полило́сь) pour over oneself, begin to be pouring

твори́ть, -рю́, -ри́шь; сотвори́ть create

увлека́ть; увле́чь, -еку́, -ечёшь... -еку́т (past: увлёк, увлекла́) carry away, fascinate, entice

увлека́ться; увле́чься (used with instrumental) be carried away (figuratively), become infatuated with

ука́зывать; указа́ть, укажу́, ука́жешь indicate, point to, explain

умоля́ть; умоли́ть, -олю́, -о́лишь entreat, implore

являться; явиться, явлюсь, явишься appear; (with nominative and instrumental) be (common construction in scientific language)

ИЗ РОМА́НА «СОБОРЯ́НЕ»[1] (1872) НИКОЛА́Я СЕМЁНОВИЧА ЛЕСКО́ВА (1831–1895)

[2] И ещё, наконе́ц, пришло́ тре́тье и после́днее письмо́, кото́рым Ахи́лла извеща́л, что ско́ро вернётся домо́й, и вслед зате́м в оди́н су́мрачный се́рый ве́чер он предста́л[3] пе́ред Туберо́зова внеза́пно, как
5 ра́достный ве́стник.

Поздоро́вавшись с дья́коном, оте́ц Саве́лий то́тчас же сам бро́сился на у́лицу запере́ть ста́вни, чтобы скрыть от любопы́тных ра́достное возвраще́ние Ахи́ллы.

10 Бесе́да их была́ до́лгая. Ахи́лла вы́пил за э́тою бесе́дой це́лый самова́р, а оте́ц Туберо́зов всё продолжа́л беспреста́нно налива́ть ему́ но́вые ча́шки и пригова́ривал:[4]

— Пей, голу́бушка,[5] ку́шай ещё, — и когда́ Ахи́л-
15 ла выпива́л, то он говори́л ему́: — Ну, тепе́рь, бра́тец, расска́зывай да́льше: что ты там ещё ви́дел и что узна́л?

И Ахи́лла расска́зывал. Бог зна́ет, что он расска́зывал: э́то всё выходи́ло пёстро, грома́дно и

---

[1] **Собо́ряне** = "Cathedral Folk."
[2] Akhilla is a deacon (assistant to the priest during the service) who is visiting St. Petersburg. Father Tuberozov (also called Father Savely) is an archpriest (протоиере́й/протопо́п).
[3] **предста́л:** appeared.
[4] **пригова́ривал:** kept saying.
[5] **голу́бушка** = **голу́бка.**

Соборяне

нескла́дно, но всего́[6] бо́лее в его́ расска́зах удивля́ло отца́ Саве́лия то, что Ахи́лла кста́ти и некста́ти немилосе́рдно уснаща́л[7] свою́ речь са́мыми стра́нными слова́ми, каки́х он до пое́здки в Петербу́рг не то́лько не употребля́л, но, вероя́тно, и не знал!

Так, наприме́р, он ни[8] к селу́, ни к го́роду начина́л с того́:

— Предста́вь себе́, голу́бчик, оте́ц Саве́лий, кака́я комбы́нация[9] (при[10] чём он беспоща́дно напира́л на *ы*).

Или:

— Как он мне э́то сказа́л, я ему́ говорю́: ну нет, же[11] ву перди́ю, э́то, брат, са́хар[12] дюдю́.[13]

Оте́ц Туберо́зов хотя́ с умиле́нием[14] внима́л расска́зам Ахи́ллы, но, спы́ша ча́стое повторе́ние подо́бных слов, помо́рщился[15] и, не вы́терпев, сказа́л ему́:

— Что[16] ты э́то... Заче́м ты таки́е пусты́е слова́ научи́лся вставля́ть?

---

[6] всего́ бо́лее = бо́льше всего́.

[7] уснаща́л: garnished.

[8] ни к селу́, ни к го́роду: irrelevantly, neither here nor there.

[9] комбына́ция = комбина́ция.

[10] при чём/причём: moreover.

[11] же ву перди́ю. This is perhaps meant to be "je vous ai perdu" (French): I have ruined you.

[12] Colloquially са́хар may be used figuratively to indicate something pleasant.

[13] дюдю́. This is probably meant to be joujou (French): small toy.

[14] умиле́нием: with tenderness and pleasure.

[15] помо́рщился: made a wry face.

[16] что ты/вы: what's that you're saying/doing? An expression of surprise, fright, or objection.

Но бесконе́чно увлека́ющийся Ахи́лла так нетерпели́во развора́чивал[17] пред отцо́м Саве́лием всю сокро́вищницу свои́х столи́чных заи́мствований, что не берёгся никаки́х слов.

— Да ты, ду́шечка,[18] оте́ц Саве́лий, пожа́луйста, не опаса́йтесь, тепе́рь за слова́ ничего́ — не запреща́ется.

— Как, бра́тец, *ничего́*? Слы́шать скве́рно.

— О-о! э́то с непривы́чки. А мне так тепе́рь что хо́чешь говори́, всё ерунда́.

— Ну, вот опя́ть.

— Что тако́е?

— Да что ты ещё за па́костное сло́во сейча́с сказа́л?

— Ерунда́-с!

— Тьфу, ме́рзость!

— Чем-с?... все литера́торы употребля́ют.

— Ну, им[19] и кни́ги в ру́ки: пусть[20] их и сидя́т с свое́ю «герундо́й», а нам с тобо́й на[21] что э́ту герунду́ заи́мствовать, когда́ с нас и свое́й ру́сской чепухи́ дово́льно?

— Соверше́нно справедли́во, — согласи́лся Ахи́лла и, поду́мав, доба́вил, что чепуха́ ему́ да́же гора́здо бо́лее нра́вится, чем ерунда́.

— Поми́луйте,[22] — доба́вил он, опроверга́я са-

---

[17] **развора́чивал**: was displaying.
[18] **ду́шечка** = ду́шенька.
[19] **им и кни́ги в ру́ки**: they are experts; they know what they're doing.
[20] **пусть их/его́/её**: all right, very well, agreed.
[21] **на что́**: why, for what reason.
[22] **поми́луй/поми́луйте**: what is that you say!; wait a minute; just listen to me. Indicates some measure of disagreement.

Соборяне

могó себя́: — чепуху́ э́то отмо́чишь[23] и сейча́с смех, а они́ там съерундя́т,[24] наприме́р, что бо́га нет, и́ли ещё каки́е[25] пустяки́, что да́же попервонача́лу[26] стра́шно, а[27] не то спор.

— На́до, чтоб э́то всегда́ стра́шно бы́ло, — кро́тко шепну́л Туберо́зов.

— Ну, да ведь, оте́ц Саве́лий, нельзя́ же всё так стро́го. Ведь е́сли дока́жут, как дева́ться не́куда.

— Что́ дока́жут? Что́ ты э́то? Что́ ты говори́шь? Что́ тебе́ доказа́ли? Не[28] то ли, что бо́га нет?

— Э́то-то, ба́тя,[29] доказа́ли...

— Что́ ты врёшь, Ахи́лла! Ты до́брый мужи́к и христиани́н: — перекрести́сь! Что́ ты э́то сказа́л?

— Что́ же де́лать? Я, ведь, голу́бчик, и сам э́тому не рад, но про́тив хва́кта[30] не попрёшь.[31]

— Что́ за «хвакт» ещё? Что́ за факт ты откры́л?

— Да э́то, оте́ц Саве́лий... заче́м вас смуща́ть? Вы себе́ чита́йте свою́ Бу́ниану[32] и ве́руйте в свое́й простоте́, как и пре́жде сего́ ве́ровали.

---

[23] **отмо́чишь**: (here) if one will say.

[24] **съерундя́т**: they will talk nonsense.

[25] **како́й = како́й-нибудь.**

[26] **попервонача́лу**: at first.

[27] **(а) не то**: otherwise.

[28] **не то, что (бы)**: it is not (the fact) that. The expression is often shortly followed by a (but) or но.

[29] **ба́тя = ба́тюшка.**

[30] **хвакт = факт.** The sound represented by the letter ф is not native to Russian (except in the form of unvoiced в) and is used in words of foreign origin. In the past, at least, the ф sound was difficult for some Russians, who pronounced it "хв" before vowel or "х" before consonant: Хвилипо́к = Филипо́к; хранцу́з = францу́з.

[31] **попра́ть; попру́, попрёшь**: trample, violate.

[32] **Бу́ниан**: Bunyan, i.e., John Bunyan, author of *Pilgrim's Progress*.

— Оставь ты моего Буниана и не заботься о моей простоте, а посуди,³³ что ты на себя говоришь?

— Что же делать? хвакт! — отвечал, вздохнув, Ахилла.

5 Туберозов, смутясь, встал и потребовал, чтоб Ахилла непременно и сейчас же открыл ему факт, из коего³⁴ могут проистекать сомнения в существовании бога.

— Хвакт этот по каждому человеку прыгает, — 10 отвечал дьякон, и объяснил, что это блоха, а блоху всякий может сделать из опилок,³⁵ и значит всё-де могло сотвориться само собою.

Получив такое искреннее и наивное признание, Туберозов даже не сразу решился, что ему ответить; 15 но Ахилла, высказавшись раз в этом направлении, продолжал и далее выражать свою петербургскую просвещённость.³⁶

— И взаправду теперь, — говорил он: — если мы от этой самой ничтожной блохи пойдём дальше, то и 20 тут нам ничего этого не видно, потому что тут у нас ни книг этаких, настоящих, ни глобусов, ни труб, ничего нет. Мрак невежества до того, что даже я тебе скажу, здесь и смелости-то такой, как там, нет, чтоб очень рассуждать! А там я с литератами, 25 знаешь, сел, полчаса посидел, ну и вижу, что религия, как она есть, так её и нет, а блоха это положительный хвакт. Так по науке выходит...

---

[33] **посуди**: judge.

[34] **коего** = которого.

[35] **опилки, опилок**: sawdust, shavings. Akhilla has probably heard a discourse on the concept of spontaneous generation.

[36] **просвещённость**: culture, enlightenment.

Соборя́не

Туберо́зов то́лько посмотре́л на него́ и, похлопа́в глаза́ми, спроси́л:

— А чему́ же ты до сих пор служи́л?

Дья́кон нима́ло не сконфу́зился и, указа́в руко́й на своё чре́во,[37] отве́тил:

— Да чему́ и все слу́жат: мамо́ну. По нау́ке и э́то вы́ведено, для чего́ челове́к тру́дится, — для еды́; хо́чет, чтоб ему́ быть сы́тому[38] и го́лоду не чу́вствовать. А е́сли бы мы есть не хоте́ли, так ничего́ бы и не де́лали. Это называ́ется борба́[39] (дья́кон произнёс э́то сло́во без ь) за сушествова́ние.[40] Без э́того ничего́ бы не́ было.

— Да вот ви́дишь ты, — отвеча́л Туберо́зов: — а бо́г-то ведь, ни в чём э́том не нужда́ясь, сотвори́л свет.

— Это пра́вда, — отвеча́л дья́кон: — бог э́то сотвори́л.

— Так как же ты его́ отрица́ешь?

— То́-есть я не отрица́ю, — отвеча́л Ахи́лла: — а я то́лько говорю́, что, восходя́ от хва́кта в рассужде́нии, как блоха́ из опи́лок, так и вселе́нная могла́ сама́[41] собо́й яви́ться. У них бог, говоря́т, «кислоро́д». А я,[42] прах его́ зна́ет, что он есть кислоро́д!

---

[37] **чре́во**: belly.

[38] **чтоб ему́ быть сы́тому**: that he should be filled. When the infinitive быть was preceded by a dative (or one was implied), the predicate adjective could also be in the dative (often using an archaic short form of the adjective) by agreement. This usage is now obsolete. Do not be confused by го́лоду, which is a genitive form.

[39] **борба́ = борьба́.**

[40] **сушествова́ние = существова́ние.** Many Russians, especially Muscovites, would pronounce щ as a long ш.

[41] **сам/сама́/само́ собо́й**: all by himself/herself/itself.

[42] The sense of this sentence seems to be "And as for me, the dust only knows what this oxygen is!"

И вот видите: как вы опять заговорили в разные стороны, то я уже опять ничего не понимаю.

— Откуда же взялся твой кислород?

— Не знаю, ей-богу [43]... да лучше оставьте про это, отец Савелий.

— Нет, нельзя этого, милый, в тебе оставить! Скажи: откуда начало ему, твоему кислороду?

— Ей-богу не знаю, отец Савелий! Да нет, оставьте, душечка!

— Может-быть сей кислород безначален?

— А идол [44] его знает! Да ну его [45] к лешему!

— И конца ему нет?

— Отец Савелий!... да ну его совсем к свиньям, этот кислород. Пуст он себе будет хоть и без начала и без конца: что нам до него?

— А ты можешь ли понять, как это без начала и без конца?

Ахилла отвечал, что это он может. И затем громко продолжал:

— Един [46] бог во святой троице спокланяемый, [47] он есть вечен, то-есть не имеет ни начала, ни конца своего бытия, но всегда был, есть и будет.

— Амин! — произнёс с улыбкой Туберозов и, так же с улыбкой приподнявшись с своего места, взял Ахиллу дружески за руку и сказал:

— Пойдём-ка, я тебе что-то покажу.

— Извольте, — отвечал дьякон.

---

[43] **ей/ей-ей**: really, word of honor. Ей-богу: I swear by God, honest to God.

[44] **идол его знает**: the idol knows. Cf. бог его знает: God knows.

[45] **его к лешему**: to the devil with it!

[46] **един** = **один**.

[47] **спокланяемый**: worshipped equally.

Соборя́не

И о́ба они́, взя́вшись под руки, вы́шли из ко́мнаты, прошли́ весь двор и вступи́ли на середи́ну покры́того блестя́щим сне́гом огоро́да. Здесь стари́к стал и, указа́в дья́кону на крест собо́ра, где они́ о́ба столь до́лго предстоя́ли[48] алтарю́, мо́лча же перевёл свой перст вниз к са́мой земле́ и стро́го вы́молвил:

— Стань поскоре́й и помоли́сь!

Ахи́лла опусти́лся на коле́ни.

— Чита́й:[49] «Бо́же![50] очи́сти мя[51] гре́шного и поми́луй[52] мя», произнёс Саве́лий и, проговори́в э́то, сам положи́л пе́рывй покло́н.

Ахи́лла вздохну́л и вслед за ним сде́лал то́ же. В торже́ственной тишине́ полу́ночи, на бе́лом освещённом луно́ю пусто́м огоро́де, начали́сь оди́н за други́м его́ ме́рно повторя́ющиеся покло́ны горя́чим чело́м до холо́дного сне́га, и полили́сь широ́кие вздо́хи с сла́достным во́плем моли́твы: «Бо́же! очи́сти мя гре́шного и поми́луй мя», кото́рой вто́рил го́лос протопо́па други́м проше́нием: «Бо́же не вни́ди[53] в суд с рабо́м твои́м». Пропове́дник и ка́ющийся моли́лись вме́сте.

Над Ста́рым Го́родом до́лго несли́сь воздыха́ния[54] Ахи́ллы: он, уте́шник[55] и заба́вник, чьи канта́ты и весёлые о́крики внима́л здесь вся́кий с улы́бкой, он сам, согреши́в, тепе́рь стал моли́твенником, и за себя́, и за весь мир умоля́л удержа́ть пра́ведный гнев, на нас дви́жимый!

[48] **предстоя́ли:** (here) had stood in front of.
[49] **чита́й:** say (the prayer).
[50] **бо́же.** This is the vocative of бог.
[51] **мя** = **меня́.**
[52] **поми́луй:** (here) have mercy on.
[53] **вни́ди (войди́) в суд:** enter into judgment.
[54] **воздыха́ние:** sigh.
[55] **уте́шник:** joy-bringer.

Ответьте по-русски:

1. Во время беседы сколько чаю выпил Ахилла?
2. Почему разговор Ахиллы удивил отца Туберозова?
3. Убедили Ахиллу, что бога нет?
4. Это вероятно было трудно или легко сделать?
5. Для Ахиллы религия или блоха более настоящее?
6. Почему в этом отношении он уважает блоху?
7. Когда речь идёт о боге и кислороде, почему Ахилла не хочет продолжать?
8. Когда протопоп приказал Ахилле молиться, Ахилла послушался?
9. Постарайтесь описать Ахиллу, употребляя следующие или другие слова: умный, весёлый, духовный, религиозный, наивный, простой, циничный, искренний, добродушный, откровенный.

Translation into Russian

(Emphasis on the use of the positive degree of adjectives)

1. In the third and last letter which Akhilla sent, he let it be known that he would come home soon.
2. The shutters which he closed were green, not blue.
3. Father Savely poured out an entire samovar of tea.
4. Akhilla was carried away by the new words which he heard there.
5. He did not beware of any words, Russian or others.
6. The man who was troubling himself about us was very kind.

Соборя́не

7. "When you deny God, you are not right," he added.
8. "I repent," he said to the good father, who suddenly heaved a sigh.

Hints on Stress

(Short forms of the adjective)

MASCULINE SINGULAR. When the masculine singular short form has three or more syllables or when it has a composite stem, then the stress is that of the corresponding long form: говорли́вый – говорли́в; разносторо́нний – разносторо́нен.

In the *polnoglasie* adjectives (-оло-, -оро-) the short forms stress the first syllable: го́лоден, до́рог, мо́лод, хо́лоден. Exception: здоро́в. Also note хоро́ш.

If the long form has a monosyllabic stem with stem stress, then the corresponding short form has the same stress: ну́жный – ну́жен. Exceptions: у́мный – умён; хи́трый – хитёр.

If the long form has a dissyllabic stem with stem stress, then the corresponding short form has the same stress: краси́вый – краси́в. However, when the second syllable of the long form is ё and when the stem has no suffix, the short form stresses the first syllable: весёлый – ве́сел. Exception: тяжёлый – тяжёл.

If the long form has a monosyllabic stem with stress on the ending, then the short form has final stress: смешно́й – смешо́н. Exception: больно́й – бо́лен.

FEMININE SINGULAR. If the short form stem is monosyllabic, the stress is on the ending if (1) the stem has no suffix, such as бела́, стара́ (but note ра́да, which has no corresponding long form), or (2) the stem ends in -н, -л, -к preceded by a consonant or й: бледна́, бойка́. Exceptions to the latter: ве́чна, пра́здна.

When the forms mentioned above have не- prefixed so as to form one word, the stress is on the first syllable after the не-: слышна́ but неслы́шна. However, note права́ – неправа́.

The short forms with dissyllabic stem without suffix but

also those with the suffixes -ок/ëк-: -к- usually stress the ending: весела́, высока́, коротка́, молода́, тяжела́. Among the few exceptions are бога́та, гото́ва, здоро́ва, суро́ва.

In other short forms of two (or more) syllables the stress is that of the corresponding long form: ужа́сна, приве́тлива. But note the *polnoglasie* type forms: голодна́, дорога́, холодна́, молода́; also хороша́.

NEUTER SINGULAR. When the stem of the short form is monosyllabic, the stress is almost always on the stem. Among the few exceptions are легко́, темно́, черно́, равно́, свежо́, тепло́. Some have two possible stresses: бе́ло́, ма́ло́, мёртво/мертво́, по́лно́, ста́ро́, у́мно́, о́стро́.

When the short form has a stem of two or more syllables, the stress is almost always that of the corresponding long form: бога́то, горделиво. However, the following with a suffix ending in -к, have two possible stresses: велико́, высо́ко́, глубо́ко́, далёко/далеко́, широ́ко́.

PLURAL. The plural short form stress is that of the neuter singular short form: здоро́во – здоро́вы; хорошо́ – хороши́.

When the neuter short form has two stress possibilities, the plural short form has the same possibilities: велико́ – велики́; далёко/далеко́ – далёки/далеки́.

However, some plurals have the possibility of two stresses where only one stress possibility exists for the neuter: ви́дно – ви́дны́; го́дно – го́дны́; кру́пно – кру́пны́; ми́ло – ми́лы́; но́во – но́вы́; ну́жно – ну́жны́; добро́ – до́бры́ (note expression бу́дьте добры́); легко́ – легки́/лёгки; свежо́ – све́жи́.

Note the following (*polnoglasie* type and adjectives with -ë- as final stem vowel in long form): до́рого, го́лодно, хо́лодно, мо́лодо, тяжело́, ве́село, зе́лено, дёшево, also хорошо́.

When вели́кий means "large, spacious, larger than necessary," its short form has final stress: вели́к, -ика́, -ико́, -ики́. When the meaning is "great, eminent," the stem is stressed: вели́к, -и́ка, -и́ко...

Reading Seventeen

Verbs to Learn

болеть, болею, болеешь be ill
болеть (no first or second person forms), болит, болят ache, hurt
болтать chatter, prate
бранить, -ню, -нишь scold, reprove, abuse, call names
грозить, -ожу, -озишь; пригрозить threaten
заказывать; заказать, -ажу, -ажешь order (goods); (a much less common meaning but occurring in this reading) prohibit
лгать, лгу, лжёшь... лгут (past: лгал, лгала, лгало); солгать lie, tell lies
менять change, exchange
обижать; обидеть, -ижу, -идишь offend, hurt (one's feelings)
потуплять; потупить, -плю, -пишь lower (head, eyes, etc.)
променивать; променять exchange
прощать; простить, прощу, простишь forgive, pardon
прощаться; проститься/попрощаться take leave, say goodbye
сердиться, -ержусь, -ердишься; рассердиться become angry
угождать; угодить, -ожу, -одишь please somebody, do one a service

ИЗ ПЬЕСЫ «ГРОЗА» (1859)*
АЛЕКСАНДРА НИКОЛАЕВИЧА ОСТРОВСКОГО (1823–1886)

Марфа Игнатьевна Кабанова, богатая купчиха, вдова.

Тихон Иванович Кабанов, её сын.

---

* These two related scenes illustrate the petty despotic nature of Kabanova and the weakness of her son, Tikhon, forces which contribute to the eventual ruin of Katerina, Tikhon's wife. Tikhon is about to leave for a trip, and Kabanova is giving her instructions to cover the situation.

Катерина, жена его.
Варвара, сестра Тихона.

Кабанова. Если ты хочешь мать послушать, так ты, как приедешь туда, сделай так, как я тебе приказывала.

Кабанов. Да как же я могу, маменька, вас ослушаться!

Кабанова. Не очень-то нынче старших уважают.

Варвара (*про себя*). Не уважишь тебя, как же!

Кабанов. Я, кажется, маменька, из вашей воли ни на шаг.

Кабанова. Поверила бы я тебе, мой друг, кабы своими глазами не видала, да своими ушами не слыхала, каково теперь стало почтение родителям от детей-то! Хоть бы то-то[1] помнили, сколько матери болезней[2] от детей переносят.

Кабанов. Я, маменька...

Кабанова. Если родительница что[3] когда и обидное, по вашей гордости, скажет, так, я думаю, можно бы перенести! А, как ты думаешь?

Кабанов. Да когда же я, маменька, не переносил от вас?

Кабанова. Мать стара, глупа; ну, а вы, молодые люди, умные, не должны с нас, дураков, и взыскивать.

Кабанов (*вздыхая. В сторону*). Ах, ты, господи! (*Матери.*) Да смеем ли[4] мы, маменька, подумать!

---

[1] **то-то = вот** (here). Used for emphasis in expressions involving an emotional judgment. Probably best left untranslated here.

[2] **болезнь**: (figurative here) affliction, trouble.

[3] **что когда = что-нибудь когда-нибудь.**

[4] **да смеем ли мы**: how can we even dare. Ли may give certain words an element of doubt or uncertainty.

Гроза́

Кабано́ва. Ведь от любви́ роди́тели и стро́ги-то к вам быва́ют, от любви́ вас и браня́т-то, всё ду́мают добру́ научи́ть. Ну, а э́то ны́нче не нра́вится. И пойду́т де́тки-то по лю́дям сла́вить,[5] что мать прохо́ду[6] не даёт, со́[7] све́ту сжива́ет. А, сохрани́[8] го́споди, каки́м-нибудь сло́вом снохе́ не угоди́ть, ну, и пошёл разгово́р, что свекро́вь зае́ла[9] совсе́м.

Кабано́в. Не́што,[10] ма́менька, кто[11] говори́т про вас?

Кабано́ва. Не слыха́ла, мой друг, не слыха́ла, лгать не хочу́. Уж кабы́ я слы́шала, я бы с тобо́й, мой ми́лый, тогда́ не так заговори́ла. (*Вздыха́ет*.) Ох, грех тя́жкий! Вот до́лго[12] ли согреши́ть-то! Разгово́р бли́зкий се́рдцу пойдёт, ну, и согреши́шь, рассе́рдишься. Нет, мой друг, говори́, что хо́чешь, про меня́. Никому́ не зака́жешь говори́ть: в глаза́ не посме́ют, так за глаза́ ста́нут.

Кабано́в. Да[13] отсо́хни язы́к...

Кабано́ва. По́лно,[14] по́лно, не божи́сь! Грех! Я уж давно́ ви́жу, что тебе́ жена́ миле́е ма́тери. С тех пор как жени́лся, я уж от тебя́ пре́жней любви́ не ви́жу..

[5] **сла́вить**: (here) spread the malicious rumor/hearsay.

[6] **прохо́да/прохо́ду не дава́ть**: continually pester with annoying requests.

[7] **сжива́ть со све́та/со́ све́ту**: torment, exasperate, persecute, ruin.

[8] **сохрани́ го́споди/бо́же сохрани́/сохрани́ бог**: God save us (from it).

[9] **зае́сть**: (here) torment.

[10] **не́што = ра́зве/неуже́ли**: you don't mean that....

[11] **кто = кто́-нибудь**.

[12] **до́лго ли (согреши́ть/до греха́)**: at any moment one is close (to sinning/to sin).

[13] **да** (sometimes) = **пусть**: let, may.

[14] **по́лно/по́лноте**: enough of that! Stop!

Кабанóв. В чём же вы, мáменька, э́то вúдите?

Кабанóва. Да во всём, мой друг! Мать, чегó глазáми не увúдит, так у неё сéрдце вещýн, онá сéрдцем мóжет чýвствовать. Аль[15] женá тебя́, что
5 ли, отвóдит от меня́, уж не знáю.

Кабанóв. Да нет, мáменька! что[16] вы, помúлуйте!

Катерúна. Для меня́, мáменька, всё однó, что роднáя мать, что ты, да и Тúхон тóже тебя́ лю́бит.

Кабанóва. Ты бы, кáжется, моглá и помолчáть,
10 коли тебя́ не спрáшивают. Не заступáйся, мáтушка,[17] не обúжу, небóсь![18] Ведь он мне тóже сын; ты э́того не забывáй! Чтó ты вы́скочила в глазáх-то[19] поюлúть! Чтóбы вúдели, что ли, как ты мýжа лю́бишь? Так знáем, в глазáх-то[20] ты э́то всем
15 докáзываешь.

Вáрвара (*про себя́*). Нашлá мéсто наставлéния[21] читáть.

Катерúна. Ты про меня́, мáменька, напрáсно э́то говорúшь. Что при лю́дях, что без людéй, я всё
20 однá, ничегó я из[22] себя́ не докáзываю.

Кабанóва. Да я об тебé и говорúть не хотéла; а так, к слóву пришлóсь.

Катерúна. Да хоть и к слóву, за что ж ты меня́ обижáешь?

---

[15] **аль/áли** = **úли**.

[16] **чтó вы (ты)**: What are you saying (doing)! An expression of surprise or fright following the words or deed of someone.

[17] **мáтушка**: mother or (as here) woman (usually elderly).

[18] **небóсь/небóись** (derived from не бóйся): don't fear (this meaning now obsolete); (common meaning) probably.

[19] **в глазáх-то поюлúть**: to seek favor in people's eyes.

[20] **в глазáх-то**: in public.

[21] **наставлéние читáть**: instruct, give a lecture (admonish).

[22] **из себя́** = **собóй**.

Гроза́

Кабано́ва. Эка ва́жная пти́ца! Уж и оби́делась сейча́с.

Катери́на. Напра́слину-то терпе́ть кому́ ж прия́тно!

Кабано́ва. Зна́ю я, зна́ю, что вам не понутру́ мои́ слова́, да что ж де́лать-то, я вам не чужа́я, у меня́ об вас се́рдце боли́т. Я давно́ ви́жу, что вам во́ли хо́чется. Ну, что ж, дождётесь, поживёте и на во́ле, когда́ меня́ не бу́дет. Вот уж тогда́ де́лайте, что хоти́те, не бу́дет над ва́ми ста́рших. А, мо́жет[23] и меня́ вспомя́нете.

Кабано́в. Да мы об вас, ма́менька, де́нно[24] и но́щно бо́га мо́лим, чтобы вам, ма́менька, бог дал здоро́вья и вся́кого благополу́чия и в дела́х успе́ху.

Кабано́ва. Ну, по́лно, переста́нь, пожа́луйста. Мо́жет быть, ты и люби́л мать, пока́ был холосто́й. До меня́ ли[25] тебе́: у тебя́ жена́ молода́я.

Кабано́в. Одно́ друго́му не меша́ет-с: жена́ сама́[26] по себе́ — а к роди́тельнице я сам по себе́ почте́ние име́ю.

Кабано́ва. Так променя́ешь ты жену́ на мать? Ни в жизнь я э́тому не пове́рю.

Кабано́в. Да для чего́ же мне меня́ть-с? Я обе́их люблю́.

Кабано́ва. Ну да, так[27] и есть, разма́зывай![28] Уж я ви́жу, что я вам поме́ха.

---

[23] мо́жет = мо́жет быть.

[24] де́нно и но́щно: day and night.

[25] ли gives an element of uncertainty to меня́: it is hardly about me for you to think/concern yourself (infinitive implied).

[26] сам по себе́: independently.

[27] так и есть: really, indeed.

[28] разма́зывать: spread, smear, (here) drag out an account with superfluous details.

Кабанóв. Дýмайте, как хотите, на всё есть вáша [29] вóля; тóлько я не знáю, чтó я за несчáстный такóй человéк на свет рождён, чтó не могý вам угодить ничéм.

Кабанóва. Чтó ты сиротóй-то [30] прикидываешься! Чтó ты нюни-то [31] распустил? Ну, какóй ты муж? Посмотри ты на себя! Стáнет ли тебя женá бояться пóсле этого?

Кабанóв. Да зачéм же ей бояться? С меня [32] и тогó довóльно, что онá меня лю́бит.

Кабанóва. Как, зачéм бояться! Как, зачéм бояться! Да ты рехнýлся, что ли? Тебя не стáнет бояться, меня и подáвно. Какóй же это порядок-то в дóме бýдет? Ведь ты, чай, с ней в закóне живёшь. Али, по-вáшему, закóн ничегó не знáчит? Да уж коли ты такие дурáцкие мы́сли в головé дéржишь, ты бы при ней-то, по крáйней мéре, не болтáл, да при сестрé, при дéвке; [33] ей тóже зáмуж идти: этак [34] онá твоéй болтовни наслýшается, [35] так пóсле мýж-то нам спасибо скáжет за наýку. [36] Видишь ты, какóй [37] ещё ýм-то у тебя, а ты ещё хóчешь своéй вóлей жить.

Кабанóв. Да я, мáменька, и не хочý своéй вóлей жить. Где [38] уж мне своéй вóлей жить.

[29] **вáша вóля/вóля вáша:** (polite) do as you wish.
[30] **сиротóй прикидываешься:** you pretend to be unhappy. Сиротá literally means "orphan."
[31] **нюни распустить:** snivel, whimper.
[32] **с меня довóльно:** it's enough for me.
[33] **дéвка = дéвушка:** young lady (unmarried).
[34] **этак:** so, thus.
[35] **наслýшаться:** hear a lot.
[36] **наýка:** (here) lesson.
[37] **ещё** may be an intensifying particle used with pronoun or adverb. Its translation (if any) depends on the context.
[38] **где (уж)** + infinitive: it's impossible to....

Гроза́

Каба́нова. Так, по-тво́ему, ну́жно всё ла́ской с жено́й? Уж и не прикри́кнуть на неё и не пригрози́ть?

Каба́нов. Да я, ма́менька...

Каба́нова (*горячо́*). Хоть[39] любо́вника заводи́! А? И э́то, мо́жет быть, по-тво́ему, ничего́? А? Ну, говори́!

Каба́нов. Да, ей-бо́гу, ма́менька...

Каба́нова (*соверше́нно хладнокро́вно*). Дура́к! (*Вздыха́ет.*) Что́ с дурако́м и говори́ть! то́лько грех оди́н!

(*Молча́ние*)

Я домо́й иду́.

Каба́нов. И мы сейча́с, то́лько раз-друго́й по бульва́ру пройдём.

Каба́нова. Ну, как хоти́те, то́лько ты смотри́, чтобы мне вас не дожида́ться! Зна́ешь, я не люблю́ э́того.

Каба́нов. Нет, ма́менька, сохрани́ меня́ го́споди!

Каба́нова. То́-то[40] же! (*Ухо́дит.*)

* * * * * *

Каба́нова. Ну, ты по́мнишь всё, что я тебе́ сказа́ла? Смотри́ ж, по́мни! На[41] носу́ себе́ заруби́!

Каба́нов. По́мню, ма́менька.

Каба́нова. Ну, тепе́рь всё гото́во. Ло́шади прие́хали, прости́ться тебе́ то́лько, да и с бо́гом.

[39] **хоть любо́вника заводи́:** even if she brings in a lover. The imperative is used as a conditional form. See footnotes 2–4, 14–30.

[40] **то́-то:** see to it that you don't. То́-то may follow a statement to embody this type of threatening warning.

[41] **на носу́ заруби́ть:** remember it well.

Кабанов. Да-с, маменька, пора.
Кабанова. Ну!
Кабанов. Чего изволите-с?
Кабанова. Что́ ж ты стоишь, ра́зве порядку не
знаешь? Приказывай жене́-то, как жить без тебя.
(*Катерина потупила глаза́.*)
Кабанов. Да она́, чай, сама́ зна́ет.
Кабанова. Разгова́ривай ещё! Ну, ну, прика́зывай! Чтоб я слы́шала, что ты ей прика́зываешь! А потом прие́дешь, спро́сишь, так ли всё испо́лнила.
Кабанов (*становя́сь про́тив Катерины*). Слу́шайся ма́меньки, Ка́тя!
Кабанова. Скажи́, чтоб не груби́ла свекро́ви.
Кабанов. Не груби́!
Кабанова. Чтоб почита́ла свекро́вь, как родну́ю мать!
Кабанов. Почита́й, Ка́тя, ма́меньку, как родну́ю мать!
Кабанова. Чтоб сложа́[42] ру́ки не сиде́ла, как ба́рыня!
Кабанов. Рабо́тай что́-нибудь без меня́!
Кабанова. Чтоб в о́кна глаз[43] не пя́лила!
Кабанов. Да, ма́менька, когда́ ж она́...
Кабанова. Ну, ну!
Кабанов. В о́кна не гляди́!
Кабанова. Чтоб на молоды́х парне́й не загля́дывалась без тебя́.
Кабанов. Да что ж это, ма́менька, ей-бо́гу!
Кабанова (*стро́го*). Лома́ться-то не́чего! До́лжен исполня́ть, что мать говори́т. (*С улы́бкой.*) Оно́ всё лу́чше, как прика́зано-то.

---

[42] **сложа́ ру́ки сиде́ть**: be idle.
[43] **глаза́ пя́лить**: stare.

Гроза́

Кабано́в (*сконфу́зившись*). Не загля́дывайся на парне́й!

(*Катери́на стро́го взгля́дывает на него́.*)

Кабано́ва. Ну, тепе́рь поговори́те проме́жду себя́, коли что[44] ну́жно. Пойдём, Ва́рвара!

Отве́тьте по-ру́сски:

1. По-Кабано́вой что де́лают роди́тели от любви́?
2. Она́ ду́мает, что сын лю́бит её как пре́жде?
3. Почему́ Кабано́ва се́рдится когда́ Катери́на говори́т, что она́ лю́бит свекро́вь?
4. Катери́на оби́делась без причи́ны?
5. По слова́м ма́тери, когда́ смо́гут молоды́е супру́ги жить на во́ле?
6. Каки́х же́нщин лю́бит Кабано́в?
7. Кто ду́мает, что жена́ должна́ боя́ться му́жа?
8. По-Кабано́ву кака́я друга́я возмо́жность существу́ет?
9. Когда́ Кабано́в уезжа́ет, что он прика́зывает Катери́не де́лать?
10. По-ва́шему, мать и сын настоя́щие ти́пы, и́ли Остро́вский преувели́чивает?

Translation into Russian

(With emphasis on the use of comparative and superlative adjectives)

1. Children do not respect their elders now.
2. A mother is older than her son but sometimes more stupid.
3. He is the most intelligent student in the school and is brighter than his parents.

---

[44] что = что-нибудь.

4. She is much worse than I; she not only chatters, but she lies.
5. His wife is dearer to him than his mother.
6. A more unhappy person than I does not exist.
7. My wife is the dearest woman in the world.
8. She became angry when I told her that, although her sister is prettier, she is smarter than her sister.

Hints on Stress

(Comparative and superlative of the adjective)

The comparative suffix -e is not stressed: бли́же.

The comparative suffix -ee/-ей is stressed when the feminine singular short form (positive degree) has ending stress: бела́ – беле́е; весела́ – веселе́е. To put it another way, if the stem of the positive adjective is monosyllabic, then the comparative suffix will almost certainly be stressed: но́вый – нове́е; жёлтый – желте́е.

If the feminine singular short form has stem stress, then the comparative almost always stresses the same syllable: краси́ва – краси́вее. But note здоро́ва – здорове́е.

Superlatives with the suffix -ейш- have the same stress as the corresponding comparative in -ee/-ей: краси́вее – краси́вейший; умне́е – умне́йший.

If the comparative uses the suffix -e, the superlative stresses the suffix: про́ще – просте́йший.

The superlative suffix -айш- is always stressed: велича́йший.

Reading Eighteen

Verbs to Learn

изменять; изменить, -еню, -енишь   alter (something); betray

изменяться; измениться   alter (oneself), change (become changed)

мелькать; мелькнуть, -ну, -нёшь   flash, gleam

замелькать   begin to flash

надеяться, -еюсь, -еешься   hope (for); rely on (somebody)

надоедать; надоесть, -оем, -оешь, -оест, -оедим, -оедите, -оедят (past: надоел, надоела; the person bored is expressed in the dative case)   bore, bother

ограничивать; ограничить, -чу, -чишь   limit, restrict

ограничиваться; ограничиться (used with instrumental) limit oneself (to)

печь, пеку, печёшь... пекут (past: пёк, пекла)   bake

печься   be baked, take care (of)

привыкать; привыкнуть, -ну, -нешь (past: привык, привыкла) (used with infinitive or к + dative)   become accustomed/used to

проникать; проникнуть, -ну, -нешь (past: проник, -икла)   penetrate, permeate

пропадать; пропасть, -аду, -дёшь (past: пропал, -ала)   be missing/lost; disappear

пугать; испугать   frighten

пугаться; испугаться   be frightened

разочаровывать; разочаровать, -рую, -руешь   disappoint, disillusion

разочаровываться; разочароваться   be disappointed/disillusioned

разумеется (само собой)   of course, understandably, it goes without saying

сменять; сменить, -еню, -енишь   replace

сменяться; смениться   be replaced by, give way to

снимать; снять, сниму, снимешь (past: снял, сняла, сняло)   take away/off

собира́ть; собра́ть, соберу́, соберёшь (past: собра́л, -ала́, -а́ло) gather, assemble (something)
собира́ться; собра́ться (past: собра́лся, -ала́сь, -ало́сь) gather (come together); intend, prepare
составля́ть; соста́вить, -влю, -вишь put together, form (something)
состоя́ть, -ою́, -ои́шь consist (of)

ИЗ РОМА́НА «ОБЛО́МОВ» (1859)*
ИВА́НА АЛЕКСА́НДРОВИЧА ГОНЧАРО́ВА
(1812–1891)

Обло́мов, двоjohńнин ро́дом, колле́жский[1] секрета́рь чи́ном, безвы́ездно живёт двена́дцатый год в Петербу́рге.

Снача́ла, при жи́зни роди́телей, жил потесне́е, помеща́лся[2] в двух ко́мнатах, дово́льствовался то́лько вы́везенным им из дере́вни слуго́й Заха́ром; но по сме́рти отца́ и ма́тери он стал еди́нственным облада́телем трёхсо́т пяти́десяти душ,[3] доста́вшихся ему́ в насле́дство в одно́й из отдалённых губе́рний, чуть[4] ли не в А́зии.

Он вме́сто пяти́ получа́л уже́ от семи́ до десяти́ ты́сяч рубле́й ассигна́циями дохо́да; тогда́ и жизнь его́ приняла́ други́е, бо́лее широ́кие разме́ры. Он

---

* *Oblomov* is the story of a dreamer with some admirable traits but whose lethargic inertia gradually transforms him into a sluggish vegetable. Some of the transition is traced in this selection.

[1] **колле́жский секрета́рь**: collegium secretary, a civil service rank. The word колле́жский is based on колле́гия, the name of any of the centralized governmental departments established in Russia in the eighteenth century.

[2] **помеща́лся**: was lodged.

[3] **душа́**: soul; i.e., (here) serf.

[4] **чуть ли не**: it seems, probably, apparently.

Обло́мов

на́нял кварти́ру побо́льше, приба́вил к своему́ шта́ту ещё по́вара и завёл бы́ло па́ру лошаде́й.

Тогда́ ещё он был мо́лод и, е́сли нельзя́ сказа́ть, чтоб он был жив, то по кра́йней ме́ре живе́е, чем тепе́рь; ещё он был по́лон ра́зных стремле́ний, всё чего́-то наде́ялся, ждал мно́гого и от судьбы́, и от самого́ себя́; всё гото́вился к по́прищу, к ро́ли — пре́жде всего́, разуме́ется, в слу́жбе, что и бы́ло це́лью его́ прие́зда в Петербу́рг. Пото́м он ду́мал и о ро́ли в о́бществе; наконе́ц, в отдалённой перспекти́ве, на поворо́те с ю́ности к зре́лым лета́м, воображе́нию его́ мелька́ло и улыба́лось семе́йное сча́стье.

Но дни шли за дня́ми, го́ды сменя́лись года́ми, пушо́к обрати́лся в жёсткую бо́роду, лучи́ глаз смени́лись двумя́ ту́склыми то́чками, та́лия округли́лась, во́лосы ста́ли немилосе́рдно лезть,[5] сту́кнуло три́дцать лет, а он ни на шаг не подви́нулся ни на како́м по́прище и всё ещё стоя́л у поро́га свое́й аре́ны, там же, где был де́сять лет наза́д.

Но он всё собира́лся и гото́вился нача́ть жизнь, всё рисова́л в уме́ узо́р свое́й бу́дущности; но с ка́ждым мелька́вшим над голово́й его́ го́дом до́лжен был что́-нибудь изменя́ть и отбра́сывать в э́том узо́ре.

Жизнь в его́ глаза́х разделя́лась на две полови́ны: одна́ состоя́ла из труда́ и ску́ки — э́то у него́ бы́ли сино́нимы; друга́я — из поко́я и ми́рного весе́лья. От э́того гла́вное по́прище — слу́жба на пе́рвых пора́х озада́чила его́ са́мым неприя́тным о́бразом.

Воспи́танный в не́драх прови́нции, среди́ кро́тких и тёплых нра́вов и обы́чаев ро́дины, переходя́ в тече́ние двадцати́ лет из объя́тий в объя́тия родны́х,

---

[5] **лезть:** (here) fall out.

друзе́й и знако́мых, он до[6] того́ был прони́кнут семе́йным нача́лом,[7] что и бу́дущая слу́жба представля́лась ему́ в ви́де како́го-то семе́йного заня́тия, вро́де, наприме́р, лени́вого запи́сывания в тетра́дку прихо́да и расхо́да, как де́лывал[8] его́ оте́ц.

Он полага́л, что чино́вники одного́ ме́ста составля́ли ме́жду собо́й дру́жную, те́сную семью́, неусы́пно пеку́щуюся о взаи́мном споко́йствии и удово́льствиях, что посеще́ние прису́тственного[9] ме́ста отню́дь не есть обяза́тельная привы́чка, кото́рой на́до приде́рживаться ежедне́вно, и что сля́коть, жара́ и́ли про́сто нерасположе́ние всегда́ бу́дут служи́ть доста́точными и зако́нными предло́гами к нехожде́нию в до́лжность.

Но как огорчи́лся он, когда́ уви́дел, что на́добно быть по кра́йней ме́ре землетрясе́нию, чтоб не прийти́ здоро́вому чино́внику на слу́жбу, а землетрясе́ний как[10] на грех в Петербу́рге не быва́ет; наводне́ние, коне́чно, могло́ бы то́же служи́ть прегра́дом, но и то ре́дко быва́ет.

Ещё бо́лее призаду́мался Обло́мов, когда́ замелька́ли у него́ в глаза́х паке́ты с на́дписью *ну́жное* и *весьма́ ну́жное*, когда́ его́ заставля́ли де́лать ра́зные спра́вки, вы́писки,[11] ры́ться в дела́х, писа́ть тетра́ди в два па́льца толщино́й, кото́рые, то́чно на[12] смех, называ́ли *запи́сками*; прито́м все тре́бовали ско́ро, все куда́-то торопи́лись, ни на чём не остана́вли-

---

[6] **до того́**: to such an extent.
[7] **нача́ло**: (here) basis.
[8] **де́лывал**: did (on several occasions).
[9] **прису́тственное ме́сто**: office.
[10] **как на грех**: as if to spite, unfortunately.
[11] **вы́писки**: copyings, excerpts.
[12] **на́ смех**: for a joke.

Обло́мов

вали́сь; не успе́ют спусти́ть с рук одно́ де́ло, как уж опя́ть с я́ростью хвата́ются за друго́е, как бу́дто в нём вся си́ла и есть, и, ко́нчив, забу́дут его́ и кида́ются на тре́тье — и конца́ э́тому никогда́ нет!

Ра́за два его́ поднима́ли но́чью и заставля́ли писа́ть «запи́ски», не́сколько раз добыва́ли посре́дством курье́ра из госте́й — всё по по́воду эитх же запи́сок. Всё э́то навело́ на него́ страх и ску́ку вели́кую.

— Когда́ же жить? Когда́ жить? — тверди́л он.

О нача́льнике он услыха́л у себя́ до́ма, что э́то оте́ц подчинённых, и потому́ соста́вил себе́ са́мое смею́щееся, са́мое семе́йное поня́тие об э́том лице́. Он его́ представля́л себе́ чем-то[13] вро́де второ́го отца́, кото́рый то́лько и ды́шит тем, как бы за[14] де́ло и не за де́ло, сплошь[15] да ря́дом, награжда́ть свои́х подчинённых и забо́титься не то́лько об их ну́ждах, но и об удово́льствиях.

Илья́ Ильи́ч ду́мал, что нача́льник до того́ вхо́дит в положе́ние своего́ подчинённого, что забо́тливо расспро́сит его́: каково́ он почива́л но́чью, отчего́ у него́ му́тные глаза́ и не боли́т ли голова́?

Но он жесто́ко разочарова́лся в пе́рвый же день свое́й слу́жбы. С прие́здом нача́льника начина́лась беготня́, суета́, все смуща́лись, все сбива́ли друг дру́га с ног, ины́е обдёргивались,[16] опаса́ясь, что они́ не дово́льно хороши́ как есть, чтоб показа́ться нача́льнику.

Э́то происходи́ло, как заме́тил Обло́мов впосле́дствии оттого́, что есть таки́е нача́льники, кото́рые в

---

[13] **чем-то:** as something. See footnote 9–10.
[14] **за де́ло:** according to merit.
[15] **сплошь да/и ря́дом:** often, almost always.
[16] **обдёргивались:** straightened out their clothing.

испу́ганном до одуре́ния[17] лице́ подчинённого, вы́скочившего к ним навстре́чу, ви́дят не то́лько почте́ние к себе́, но да́же ре́вность, а иногда́ спосо́бности к слу́жбе.

5 Илье́ Ильичу́ не ну́жно бы́ло пуга́ться так своего́ нача́льника, до́брого и прия́тного в обхожде́нии челове́ка: он никогда́ никому́ дурно́го не сде́лал, подчинённые бы́ли как[18] нельзя́ бо́лее дово́льны и не жела́ли лу́чшего. Никто́ никогда́ не слыха́л от него́
10 неприя́тного сло́ва, ни кри́ка, ни шу́му; он никогда́ ничего́ не тре́бует, а всё про́сит. Де́ло сде́лать — про́сит, в го́сти к себе́ — про́сит и под[19] аре́ст сесть — про́сит. Он никогда́ никому́ не сказа́л *ты*, всем *вы*: и одному́ чино́внику, всем вме́сте.

15 Но все подчинённые чего́-то[20] робе́ли в прису́тствии нача́льника; они́ на его́ ла́сковый вопро́с отвеча́ли не свои́м, а каки́м-то други́м го́лосом, каки́м с про́чими не говори́ли.

И Илья́ Ильи́ч вдруг робе́л, сам не зна́я отчего́,
20 когда́ нача́льник входи́л в ко́мнату, и у него́ стал пропада́ть свой го́лос и явля́лся како́й-то друго́й, то́ненький и га́дкий, как[21] ско́ро загова́ривал с ним нача́льник.

Исстрада́лся[22] Илья́ Ильи́ч от стра́ха и тоски́ на
25 слу́жбе да́же и при до́бром, снисходи́тельном нача́льнике. Бог зна́ет, что ста́лось бы с ним, е́сли б он попа́лся к стро́гому и взыска́тельному.

Обло́мов прослужи́л ко́е-как го́да два; мо́жет быть,

[17] **одуре́ние** = **о́дурь**: stupefaction.
[18] **как нельзя́** (**бо́лее, ху́же**): as (much, bad) as possible.
[19] **под аре́ст сесть**: to be arrested.
[20] **чего́-то** = **что́-то**: (sometimes an adverb) for some unknown reason, somewhat, to some degree.
[21] **как ско́ро**: as soon as.
[22] **исстрада́лся**: wore himself out with suffering.

Обло́мов

он дотяну́л[23] бы в тре́тий, до получе́ния чи́на,[24] но осо́бенный слу́чай заста́вил его́ ра́нее поки́нуть слу́жбу.

Он отпра́вил одна́жды каку́ю-то ну́жную бума́гу вме́сто Астраха́ни в Арха́нгельск. Де́ло объясни́лось; ста́ли оты́скивать винова́того.

Все други́е с любопы́тством жда́ли, как нача́льник позовёт Обло́мова, как хо́лодно и споко́йно спро́сит, «он ли э́то отосла́л бума́гу в Арха́нгельск», и все недоумева́ли, каки́м го́лосом отве́тит ему́ Илья́ Ильи́ч.

Не́которые полага́ли, что он во́все не отве́тит: не смо́жет.

Гля́дя на други́х, Илья́ Ильи́ч и сам перепуга́лся,[25] хотя́ и он, и все про́чие зна́ли, что нача́льник ограни́чится замеча́нием; но со́бственная со́весть была́ гора́здо стро́же вы́говора.

Обло́мов не дожда́лся заслу́женной ка́ры, ушёл домо́й и присла́л медици́нское свиде́тельство.

Но э́то помогло́ то́лько на вре́мя: на́до же бы́ло вы́здороветь, — а за э́тим в перспекти́ве бы́ло опя́ть ежедне́вное хожде́ние в до́лжность. Обло́мов не вы́нес и по́дал в отста́вку. Так ко́нчилась — и пото́м уже́ не возобновля́лась — его́ госуда́рственная де́ятельность.

* * * * * *

Его́ почти́ ничто́ не влекло́ из до́ма, и он с ка́ждым днём всё кре́пче и постоя́нее водворя́лся в свое́й кварти́ре.

---

[23] **дотяну́ть:** (here) survive.
[24] **чин:** (here) promotion.
[25] **перепуга́лся:** became strongly frightened.

Сначала ему тяжело стало пробыть целый день одетым, потом он ленился обедать в гостях, кроме коротко знакомых, больше холостых домов, где можно снять галстук, расстегнуть жилет и где можно даже «поваляться»[26] или соснуть часок.

Вскоре и вечера надоели ему: надо одевать фрак, каждый день бриться.

Вычитал он где-то, что только утренние испарения полезны, а вечерние вредны, и стал бояться сырости.

Несмотря на все эти причуды, другу его Штольцу удавалось вытаскивать его в люди; но Штольц часто отлучался[27] из Петербурга и без него Обломов опять ввергался весь по[28] уши в своё одиночество и уединение, из которого могло его вывести только что-нибудь необыкновенное, выходящее[29] из ряда ежедневных явлений жизни; но подобного ничего не было и не предвиделось впереди.

Ко всему этому с летами возвратилась какая-то ребяческая робость, ожидание опасности и зла от всего, что не встречалось в сфере его ежедневного быта, — следствие отвычки от разнообразных внешних явлений.

Его не пугала, например, трещина потолка в его спальне: он к ней привык; не приходило ему тоже в голову, что вечно спёртый воздух в комнате и постоянное сидение взаперти чуть ли не губительнее для здоровья, нежели ночная сырость; что переполнять ежедневно желудок есть своего рода постепенное самоубийство: но он к этому привык и не пугался.

[26] «**поваляться**»: lie in bed.
[27] **отлучался**: was absent.
[28] **по уши**: completely.
[29] **из ряда (вон) выходящий**: out of the general run.

Обломов

Он не привы́к к движе́нию, к жи́зни, к многолю́дству, к суете́.

Отве́тьте по-ру́сски:

1. Обло́мов был по́лон эне́ргии когда́ был мо́лод?
2. О чём он ду́мал?
3. Что он де́лал, что́бы дости́гнуть це́ли?
4. В како́м ви́де представля́лась ему́ бу́дущая слу́жба?
5. Он люби́л свою́ рабо́ту?
6. Обло́мов чу́вствовал себя́ непринуждённо при нача́льнике?
7. Почему́ Обло́мов по́дал в отста́вку?
8. Почему́ он охо́тно сиде́л до́ма?
9. Чем Обло́мов интересова́лся?
10. К чему́ он привы́к и к чему́ он не привы́к?

Translation into Russian

(With emphasis on the use of the present adverbial participle, also called gerund)

1. While hoping, he awaited much from fate.
2. Always intending and preparing to start life, he became accustomed to his life as it was.
3. Supposing that officials form a friendly family, he will soon be disillusioned.
4. Being frightened and himself not knowing why, he cannot talk to his chief with his own voice.
5. While knowing that his chief would limit himself to a reprimand, Oblomov nevertheless submitted his resignation.
6. Not becoming accustomed to movement and life, he was bored while visiting.
7. Not knowing that his health would probably perish, he did not become frightened.

Hints on Stress

(Present adverbial participle)

The stress is usually that of the first person singular of the present: говорю́ – говоря́; чита́ю – чита́я.

Exceptions: гля́дя (but also глядя́); лёжа, си́дя, мо́лча (considered an adverb).

For verbs with infinitive in -авать the last vowel of the stem is stressed: дава́я, встава́я, признава́я.

Adverbial participles of ancient origin in -учи/-ючи stress the syllable before the suffix: е́дучи, и́дучи, си́дючи, уме́ючи, etc.

The most important of these latter forms is бу́дучи: being.

Reading Nineteen

Verbs to Learn

бледне́ть, -не́ю, -не́ешь; побледне́ть turn pale

возража́ть; возрази́ть, -ажу́, -ази́шь object, take exception, answer

дари́ть, -рю́, -а́ришь; подари́ть give (as a present)

заключа́ть; заключи́ть, -чу́, -чи́шь conclude, infer

лиша́ть; лиши́ть, -шу́, -ши́шь deprive; ——— себя́ жи́зни commit suicide

нанима́ть; наня́ть, найму́, наймёшь (past: на́нял, наняла́, на́няло) hire, rent

отступа́ть; отступи́ть, -уплю́, -у́пишь step back, give way, retreat

отступа́ться; отступи́ться give up, renounce

по́ртить, -рчу, -ртишь; испо́ртить spoil, corrupt

предпринима́ть; предприня́ть, -приму́, -при́мешь (past: предпри́нял, -иняла́, -и́няло) undertake

сомнева́ться doubt, have doubts

сохраня́ть; сохрани́ть, -ню́, -ни́шь keep, preserve

сохраня́ться; сохрани́ться remain, be preserved

спаса́ть; спасти́, -су́, -сёшь (past: спас, спасла́, спасло́) save

щади́ть, щажу́, щади́шь; пощади́ть spare, show mercy on

ИЗ РОМА́НА «ТЫ́СЯЧА ДУШ» (1858)*
АЛЕКСЕ́Я ФЕОФИЛА́КТОВИЧА ПИ́СЕМСКОГО
(1820–1881)

После́дние слова́ князь говори́л протя́жно и остонови́лся, как бы ожида́я, не ска́жет ли чего́-нибудь

---

* *A Thousand Souls* is the story of the highly ambitious Kalinovich, who, casting aside the love of an impetuous and noble-minded girl, marries for money and career. In these two related scenes the scheming Prince Ivan is the tempter.

Калинович; но тот молчал и смотрел на него пристально и сурово, так что князь принуждён был потупиться, но потом вдруг взял его опять за руку и проговорил с принуждённою улыбкою:

— Вы теперь приняты в дом генеральши так радушно, с таким вниманием к вам, по крайней мере со стороны mademoiselle Полины, и потому... что бы вам похлопотать тут — и, боже мой! какая бы тогда для вас и для вашего таланта открылась будущность! Тысяча душ, батюшка, удивительно устроенного имения, да денег, которым покуда ещё счёту никто не знает. Тогда поезжайте, куда вы хотите: в Петербург, в Москву, в Одессу, за границу... Пишите свободно, не стеснённые никакими другими занятиями, в каком угодно климате, где только благоприятней для вашего вдохновения...

Калинович был озадачен; выражение лица его сделалось ещё мрачнее; он никак не ожидал подобной откровенной выходки со стороны князя и несколько времени молчал, как бы сбираясь[1] с мыслями, что ему отвечать.

— Ваше предложение, князь, для меня даже несколько обидно, потому что оно сильно отзывается насмешкою, — проговорил он глухим голосом.

— Насмешкой? — спросил удивлённый князь.

— Насмешкой, — повторил Калинович, — потому что, если б я желал избрать подобный путь для своей будущности, то всё-таки это было бы гораздо более несбыточный замысел, чем мои надежды на литературу, которые вы старались так ловко разбить со всех сторон.

— Будто это так? — возразил князь, — будто вы в самом деле так думаете, как говорите, и никогда

---

[1] сбираясь = собираясь.

Тысяча душ

сами не замечали, что моё предложение имеет много вероятности?

— Я никогда ничего не думал об этом и никогда ничего не замечал, — ответил сухо Калинович.

Князь покачал[2] головой.

— Полноте, молодой человек! — начал он, — вы слишком умны и слишком прозорливы, чтоб сразу не понять те отношения, в какие с вами становятся люди. Впрочем, если вы по каким-либо важным для вас причинам желали не видеть и не замечать этого, в таком случае лучше прекратить наш разговор, который ни к чему не поведёт, а из меня сделает болтуна.

Проговоря это, князь замолчал; Калинович тоже ничего не возразил, и оба они дошли молча до усадьбы.

* * * * * *

[3] — Ну,[4] что, Яков Васильич, — говорил князь, входя, — ваше дело в таком положении, что и ожидать было невозможно. Полина почти согласна.

При этих словах Калинович ещё более побледнел, так что князю это бросилось в глаза.

— Что, однако, с вами? Вы ужасно нехороши... Не хуже ли вам?

— Нет, ничего, — отвечал Калинович, — женщина, о которой мы с вами говорили... я не знаю... я не могу её оставить! — проговорил он рыдающим голосом и, схватив себя за голову, бросился на диван.

Тут уж князь побледнел.

---
[2] **покачал головой**: shook his head.
[3] This second passage occurs much later in the novel.
[4] **ну, что (ж)**: well then.

— Полноте, мой милый! Что это? Как это можно! Любите, что ли, вы её очень? Это, что ли?

— Не знаю; я в одно время и люблю её и ненавижу, и больше ничего не знаю, — отвечал Калинович, как полоумный.

— Ни то, ни другое, — возразил князь, — ненавидеть вам её не[5] за что, да и беспокоиться особенно тоже нечего. В наше время женщины, слава богу, не умирают от любви.

— Нет, умирают! — воскликнул Калинович.

— Вы не можете этого понимать. Ваши княжны действительно не умрут, но в других сословиях, слава богу, сохранилось ещё это. Она уж раз хотела лишить себя жизни, потому только, что я не писал к ней.

Князь слушал Калиновича, скрестив руки.

— Потому только, скажите, пожалуйста! Это уж очень чувствительно, — проговорил он.

Калинович вышел[6] из себя.

— Прошу вас, князь, не говорите таким образом. Цинизм[7] ваш вообще дурного тона, а тут он совершенно некстати. Говоря это, вы сами не чувствуете, как становитесь низко, очень низко, — сказал он раздражённым голосом.

Князь пожал плечами.

— Положим, — начал он, — что я становлюсь очень низко, понимая любовь не по-вашему; на это, впрочем, дают мне некоторое право мои лета; но теперь я просто буду говорить с вами, как говорят между собой честные люди. Что вы делаете?

---

[5] **не́ за что**: there is no reason.
[6] **выходи́ть из себя́**: lose control of oneself.
[7] **цини́зм**: cynicism.

Тысяча душ 155

Поймите вы хорошенько! Не[8] дальше как сегодня вы приходите и говорите, что девушка вам нравится, просите сделать ей предложение; вам дают почти согласие, и вы на это объявляете, что любите другую, что не можете оставить её... Как хотите, ведь это поступки сумасшедшего человека; с вами не только нельзя дела какого-нибудь иметь, с вами говорить невозможно. Это чёрт знает что такое! — заключил князь с достоинством.

— Да, я почти сумасшедший! — произнёс Калинович. — Но, боже мой! боже мой! Если б она только знала мои страдания, она бы мне простила. Понимаете ли вы, что у меня тут на душе? Ад у меня тут! Пощадите меня! — говорил он, колотя себя в грудь.

— Всё очень хорошо понимаю, — возразил князь, — и скажу вам, что всё зло лежит в вашем глупом университетском воспитании, где набивают голову разного рода великолепными, чувствительными идейками,[9] которые никогда и нигде в жизни неприложимы. Немцы[10] по крайней мере только студентами[11] бесятся, но как выйдут, так и делаются, чем надо; а у нас на всю жизнь портят человека. Любой гвардейский[12] юнкер в вашем положении минуты бы не задумался, потому что оно плевка[13] не стоит; а

[8] **не дальше как/чем:** just, exactly.
[9] **идейка:** insignificant idea.
[10] **немец:** German.
[11] **студентами:** while they are (in the contemporary status of) students. The instrumental of nouns is sometimes used to indicate a status, the duration of which is equivalent to that of the verb. Мальчиком он очень любил отца: when (while) he was a boy, he loved his father very much.
[12] **гвардейский юнкер:** cadet of the Guards.
[13] **плевка не стоит:** is not worth thinking about.

вы, человек умный, образованный, не хотите хоть сколько-нибудь возвыситься над собой, чтоб спокойно оглядеть как[14] и что... Это мальчишество,[15] наконец!... Вы в связи с девочкой, которая там
5 любит вас; вы её тоже любите, в чём я, впрочем, сомневаюсь... но прекрасно! Вам выходит другая партия, блестящая, которая какому-нибудь камергеру здешнему составила бы карьеру. В партии этой, кроме состояния, как вы сами говорите,
10 девушка прекрасная, которая, по особенному вашему счастью, сохранила к вам привязанность в такой степени, что с первых же минут, как вы сделаетесь её женихом,[16] она хочет вам подарить сто тысяч, для того только, чтоб не дать вам почувство-
15 вать этой маленькой неловкости, что вот-де вы бедняк и женитесь на таком богатстве. Одна эта деликатность, я не знаю, как высоко должна поднять эту женщину в ваших глазах! Сто тысяч, а? — продолжал князь более и более разгорячась,
20 — это, кажется, капиталец такого рода, из-за которого от какой хотите любви можно отступиться. Если уж, наконец, действительно привязанность ваша к этой девочке в самом деле так серьёзна — чёрт[17] её возьми! дать ей каких-нибудь тысяч
25 пятнадцать серебром[18] и уж, конечно, вы этим гораздо лучше устроите её будущность, чем живя с ней и ведя её к одной вопиющей бедности. Сама-то любовь заставляет вас так поступить!

[14] **как и что**: how things are.
[15] **мальчишество**: boyishness.
[16] **жених**: (here) fiance.
[17] **чёрт/чорт (её) возьми!**: the devil take (her) it!
[18] **серебром**: (in) silver coins.

Тысяча душ

— Этой женщине миллион меня не заменит, — проговорил Калинович.

— Да, вначале, может быть, поплачет и даже полученные деньги от вас, вероятно, швырнёт с пренебрежением; но, подумав, запрёт их в шкатулку, и если она точно девушка умная, то, конечно, поймёт, что вы гораздо большую приносите[19] жертву ей, гораздо больше доказываете любви, отторгаясь от неё, чем если б стали всю жизнь разыгрывать[20] перед ней чувствительного и верного любовника — поверьте, что так!... Ну и потом, когда пройдёт этот первый пыл, что[21] ей мешает преспокойным манером здесь же выйти замуж за какого-нибудь его высокоблагородие, столоначальника, народить с ним детей, для вящего здоровья которых они будут летом нанимать дачу и душевно благословлять вас, как истинного своего благодетеля.

— А если она не доживёт до этой блаженной поры и немножко пораньше умрёт? — возразил Калинович.

— Опять — умрёт! — повторил с усмешкою князь. — В романах я действительно читал об этаких случаях, но в жизни, признаюсь, не встречал. Полноте, мой милый! Мы, наконец, такую дребедень начинаем говорить, что даже совестно[22] и скучно становится. Волишки[23] у вас, милостивый государь, нет, характера — вот[24] в чём дело!

---

[19] **приносить жертву**: make a sacrifice.
[20] **разыгрывать**: play the role.
[21] **что**: what. What follows is actually a long question.
[22] **совестно**: shameful.
[23] **волишка = волюшка**: will power.
[24] **вот в чём дело!**: That's what it is! в чём дело?: what happened?

Калинович сидел, погруженный сам в себя.

— Если ещё раз я увижу её, кончено! Я не в состоянии буду ничего предпринять...

Князь усмехнулся и, покачнувшись [25] всем телом, откинулся на задок кресла.

— Боже ты мой, царь милостивый! Верх ребячества невообразимого! — воскликнул он. — Ну, не [26] видайтесь, пожалуй! Действительно, что тут накупаться [27] на эти бабьи аханья и стоны; оставайтесь у меня, ночуйте, а завтра напишите записку: так [28] и так, мой друг, я жив и здоров, но уезжаю по очень экстренному делу, которое устроит наше благополучие. А потом, когда женитесь, пошлите деньги — и делу конец: ларчик, [29] кажется, просто открывался! Я, признаюсь, Яков Васильич, гораздо больше думал о вашем уме и характере...

— Кто в [30] вашу переделку, князь, попадёт, всякий сломается, — произнёс Калинович.

— Не ломают вас, а выпрямляют! — возразил князь. — Впрочем, во всяком случае я очень глупо делаю, что так много говорю, и это последнее моё слово: как хотите, так и делайте! — заключил он с досадою и, взяв со стола бумаги, стал ими заниматься.

Около часа продолжалось молчание.

[25] **покачнувшись**: after rocking slightly.
[26] **не видайтесь**: don't see each other.
[27] **накупаться на**: run up against.
[28] **так и так**: something like this, such and such, so and so. Introductory formula when one is about to state the words of another or something already known to the listener.
[29] **ларчик просто открывался**: it seemed difficult but was really simple.
[30] **в вашу переделку... попадёт**: (here) will fall into your hands.

Тысяча душ

— Князь! Спасите меня от самого себя! — проговорил, наконец, Калинович умоляющим голосом. Он был даже жалок в эти минуты.

— Но, милый мой, что ж с вами делать? — произнёс князь с участием.

— Делайте, что хотите — я ваш! — ответил Калинович.

Ответьте по-русски:

1. В первом разговоре что предлагает князь?
2. Как принимает предложение Калинович?
3. Когда второй разговор начинается, что уже случилось?
4. Почему Калинович хотел жениться на Полине?
5. Любит он её или другую?
6. Князь думает, что деньги имеют большое значение в жизни?
7. По-князю, откуда всё зло, которое привело Калиновича к такому отчаянию?
8. По-князю, как любовь сама заставляет Калиновича поступить?
9. По-князю, чего у Калиновича недостаёт?
10. Что в конце концов Калинович решился сделать?

Translation into Russian

(With emphasis on the use of the past adverbial participle)

1. Having said these last words, the prince stopped so that Kalinovich might say something.
2. "No, they die!" he objected, after turning pale.
3. Having folded his arms, the prince listened to Kalinovich, who suddenly said, "Spare me!"

4. Having renounced such love, he did not commit suicide, but I noticed that all this spoiled his appetite.
5. Having preserved an attachment to you, she will give you a lot of money.
6. (After) Thinking it over, she will understand that you are making a great sacrifice.
7. Having rented a summer home, they will often bless you.
8. (After) Deciding that he was not in a state to undertake anything, Kalinovich finally said, "Save me!"

Hints on Stress

(Past adverbial participle)

The stress of adverbial participles in -в/-вши and -ши is the same as that of the corresponding past active participles in -вший and -ший (see Reading 21): написа́вший – написа́в/ написа́вши; нёсший – нёсши; уме́рший – уме́рши.

Reading Twenty

Verbs to Learn

бре́дить, бре́жу, бре́дишь   be delirious, rave
вступа́ть; вступи́ть, -уплю́, -у́пишь   enter; ——— в свои́ права́   assert self, appear in all its force
губи́ть, гублю́, гу́бишь; погуби́ть   ruin, destroy
колеба́ться, -ле́блюсь, -ле́блешься   oscillate, hesitate, waver
лечи́ть, лечу́, ле́чишь   treat (a sick person)
маха́ть, машу́, ма́шешь; махну́ть, -ну́, -нёшь   wave
оскорбля́ть; оскорби́ть, -блю́, -би́шь   offend, hurt, humiliate
оскорбля́ться; оскорби́ться   feel offended, hurt, humiliated
отправля́ть; отпра́вить, -влю, -вишь   send, dispatch
отправля́ться; отпра́виться   set off, start
поража́ть; порази́ть, -ажу́, -ази́шь (past passive participle: поражённый; short forms: -жён, -жена́, -жено́)   strike, startle, astonish, stagger
ра́доваться, -дуюсь, -дуешься; обра́доваться   be glad (for), rejoice (in)
содержа́ть, -ержу́, -е́ржишь   contain, support (family, etc.)
страда́ть   suffer
удаля́ть; удали́ть, -лю́, -ли́шь   remove, send away
удаля́ться; удали́ться   move away, withdraw
шевели́ть, -елю́, -ели́шь; шевельну́ть, -ну́, -нёшь   move, stir (something)
шевели́ться; шевельну́ться   move, stir (oneself)

ИЗ КНИ́ГИ «СЕМЕ́ЙНАЯ ХРО́НИКА» (1856)*
СЕРГЕ́Я ТИМОФЕ́ЕВИЧА АКСА́КОВА (1791–1859)

В одно́ прекра́сное у́тро, по́сле но́чи, проведённой почти́ без сна, Алексе́й Степа́нович,[1] не́сколько

---

* Though the names are fictitious, *A Family Chronicle* is actually the story of the author's grandparents and parents

похудевший и побледневший, рано пришёл к отцу, который сидел по своему обыкновению на своём крылечке. Старик был весел и ласково встретил сына; но, взглянув пристально ему в лицо, он
5 понял, что происходило в душе молодого человека. Дав поцеловать ему свою руку, он с живостью, но без гнева сказал ему: «Послушай, Алексей! Я знаю, что лежит у тебя на сердце, и вижу, что дурь крепко забралась к тебе в голову. Рассказывай же
10 мне всю подноготную без утайки, и чтоб все[2] до одного слова была правда». Хотя Алексей Степанович не привык откровенно говорить с отцом, которого больше боялся, чем любил, но любовь к Софье Николаевне придала ему смелость. Он бро-
15 сился сначала к отцу в ноги и потом рассказал ему сердечную[3] повесть. Степан Михайлович слушал терпеливо, внимательно: кто-то из домашних шёл было к нему поздороваться, но он издали выразительно погрозил калиновым[4] подожком своим, и
20 никто, даже Аксинья с чаем, не смел подойти, пока он сам не позвал. Рассказ сына был беспорядочен, сбивчив, длинен и не убедителен; но тем не менее светлый ум Степана Михайловича понял ясно, в чём состояло дело. По несчастью, оно ему не понрави-
25 лось и не могло понравиться. Он мало понимал

---

before his birth. Here, in a rural setting, we see the patriarchal nature of the grandfather whose parental authority is opposed to his son's romantic love.

[1] Alexis Stepanovich Bagrov is the fictional name for Aksakov's father.

[2] все до одного: all without exception.

[3] сердечную повесть: the story of his heart.

[4] калиновый подожок: cane made from the wood of a snowball tree.

Семе́йная хро́ника

романи́ческую сто́рону любви́, и мужска́я его́ го́рдость оскорбля́лась влюблённостью сы́на, кото́рая каза́лась ему́ сла́бостью, униже́нием, дря́нностью в мужчи́не; но в то́ же вре́мя он по́нял, что Со́фья Никола́евна тут ни в чём не винова́та и что всё дурно́е, слы́шанное им на[5] её счёт, бы́ло чи́стою вы́думкою злых люде́й и недоброжела́тельством со́бственной семьи́. Поду́мав немно́го, вот что он сказа́л без вся́кого гне́ва, да́же ла́ского, но с твёрдостью: «Послу́шай, Алексе́й! Ты и́менно в таки́х года́х, когда́ краси́вая деви́ца мо́жет пригляну́ться[6] мужчи́не. В э́том беды́ ещё никако́й нет; но я ви́жу, что ты чересчу́р вре́зался, а э́то уж не годи́тся. Я Со́фью Никола́евну ни в чём не виню́; я счита́ю, что она́ деви́ца предосто́йная,[7] — то́лько тебе́[8] не па́ра и нам не с[9] руки́. Во-пе́рвых, она́ дворя́нка вчера́шняя, а ты пото́мок са́мого дре́внего дворя́нского до́ма. Во-вторы́х, она́ горожа́нка,[10] учёная, бо́йкая, привы́кла по́сле ма́чехи[11] повелева́ть в до́ме и привы́кла жить бога́то, да́ром что сама́ бедна́; а мы лю́ди дереве́нские, просты́е, и на́ше житьё ты сам зна́ешь; да и себя́ ты до́лжен понима́ть; ты па́рень сми́рный; но ху́же всего́ то, что она́ бо́льно умна́. Взять жену́ умне́е себя́ — беда́: бу́дет команди́рша[12]

---

[5] **на её счёт**: on her account.

[6] **пригляну́ться мужчи́не**: catch a man's fancy.

[7] **предосто́йный**: most/very worthy. The prefix пре- may express the superlative degree in the sense "very, a most."

[8] **тебе́ не па́ра**: not a match for you.

[9] **с руки́** (often used, as here, with negative): appropriate, convenient, suitable.

[10] **горожа́нка**: city dweller.

[11] **ма́чеха**: stepmother.

[12] **команди́рша**: (woman) commander; (usual sense) wife of the commander.

над мужем; а притом ты так её любишь, что на первых порах непременно избалуешь. Ну, так вот тебе моё отцовское приказание: выкинь эту любовь из головы.

Разговор с отцом глубоко поразил, сокрушил, можно сказать, сердце Алексея Степановича. Он потерял сон, аппетит, сделался совершенно ко всему равнодушен и ослабел телом. Арина Васильевна принялась плакать, и даже сёстры перетревожились.[13] На другой день мать едва могла добиться, чтобы он сказал несколько слов о том, что говорил с ним отец. На все допросы Алексей Степанович отвечал: «Батюшке не угодно, я человек погибший, я не жилец на этом свете». И в самом деле, через неделю он лежал в совершенной слабости и в постоянном забытьи: жару[14] наружного не было, а он бредил и день и ночь. Болезни его никто понять не мог, но это просто была нервная горячка. Семья перепугалась ужасно: докторов поблизости не было, и больного принялись лечить домашними средствами; но ему становилось час[15] от часу хуже, и, наконец, он сделался так слаб, что каждый день ожидали его смерти. Арина Васильевна и сёстры ревели и рвали на себе волосы. Степан Михайлович не плакал, не сидел беспрестанно над больным, но едва ли не больше всех страдал душою; он хорошо понимал причину болезни. «Но молодость своё[16] взяла» и ровно через шесть недель Алексею Степановичу стало полегче. Он проснулся к жизни совершенным ребёнком и жизнь медленно вступала

[13] **перетревожились:** became alarmed.
[14] **жар:** fever.
[15] **час от часу:** with each passing hour.
[16] **взять своё:** prevail.

Семейная хроника

в права́ свои́; он выздора́вливал два ме́сяца; каза́-
лось, он ничего́ проше́дшего не по́мнил. Он ра́до-
вался вся́кому явле́нию в приро́де и в дома́шнем
быту́, как но́вому незнако́мому явле́нию; наконе́ц,
соверше́нно опра́вился, да́же поздорове́л, пополне́л 5
и получи́л, уже́ бо́лее го́да потерянный, румя́нец
во всю щёку; уди́л ры́бу, ходи́л на охо́ту за перепе-
ла́ми, ел и пил аппети́тно и был ве́сел. Роди́тели
не[17] нара́довались, не нагляде́лись на него́ и убеди́-
лись, что боле́знь вы́гнала из молодо́й головы́ и 10
се́рдца все пре́жние мы́сли и чу́вства. Мо́жет быть,
оно́ и в са́мом де́ле бы́ло бы так, е́сли б его́ взя́ли в
отста́вку, продержа́ли с год в дере́вне, нашли́
хоро́шенькую неве́сту и жени́ли; но старики́ бес-
пе́чно обнаде́ялись[18] настоя́щим положе́нием сы́на: 15
через полго́да отпра́вили его́ опя́ть на слу́жбу в тот
же Ве́рхний Зе́мский Суд, опя́ть на житьё в ту́ же
Уфу́, — и судьба́ его́ реши́лась навсегда́. Пре́жняя
страсть загоре́лась с но́вой, несравне́нно бо́льшею
си́лой. Как возврати́лась любо́вь в се́рдце Алексе́я 20
Степа́новича, вдруг и́ли постепе́нно — ничего́ не
зна́ю; зна́ю то́лько, что он снача́ла е́здил к Зу́би-
ным[19] и́зредка, пото́м ча́ще и, наконе́ц, так ча́сто,
как бы́ло возмо́жно.

Че́рез не́сколько ме́сяцев по́сле отъе́зда Алексе́я 25
Степа́новича из дере́вни вдруг получи́ли от него́
письмо́, в кото́ром он, с несво́йственной[20] ему́ твёрдостью, хотя́ всегда́ с почти́тельной не́жностью,
объясни́л свои́м роди́телям, что лю́бит Со́фью Нико-

---

[17] **не нара́довались**: were overjoyed.
[18] **обнаде́ялись**: relied on.
[19] **к Зу́биным**: to the Zubins'. Zubin was the family name of his beloved Sophia Nikolaevna.
[20] **несво́йственной ему́**: unusual for him.

лаевну бо́льше свое́й жи́зни, что не мо́жет жить без
неё, что наде́ется на её согла́сие и про́сит роди́тель-
ского благослове́ния и позволе́ния посвата́ться.[21]
Старики́ во́все не ожида́ли тако́го письма́ и бы́ли им
5 поражены́. Степа́н Миха́йлович сдви́нул[22] бро́ви,
но ни одни́м сло́вом не вы́разил свои́х мы́слей. Вся
семья́ храни́ла глубо́кое молча́ние; он махну́л
руко́й, и все оста́вили его́ одного́. До́лго сиде́л
мой де́душка, чертя́ кали́новым подожко́м каки́е-
10 то узо́ры на полу́ свое́й ко́мнаты. Степа́н Ми-
ха́йлович ско́ро смекну́л, что де́ло пло́хо и что
тепе́рь уж никака́я горя́чка не вы́лечит от любви́ его́
сы́на. По свое́й живо́й и благоскло́нной нату́ре он
да́же поколеба́лся, не дать ли согла́сия, о чём мо́жно
15 бы́ло заключи́ть из его́ слов, обращённых к Ари́не
Васи́льевне. «Ну что, Ари́ша (говори́л он ей на
сле́дующее у́тро, разуме́ется наедине́), как ты ме-
ка́ешь?[23] Ведь не позво́лим, так нам не вида́ть
Алексе́я, как уше́й свои́х: и́ли умрёт с тоски́, и́ли на
20 войну́ уйдёт, и́ли пойдёт[24] в мона́хи — и род Багро́-
вых прекрати́тся». Но Ари́на Васи́льевна, уже́
настро́енная до́черьми, ка́к-то не испуга́лась за
своего́ сы́нка и отвеча́ла: «Твоя́ во́ля, Степа́н Ми-
ха́йлович; что́ тебе́ уго́дно, того́ и я жела́ю; да то́лько
25 како́е же бу́дет от них тебе́ уваже́ние, е́сли они́
поста́вят на своём, по́сле твоего́ роди́тельского
запреще́нья?» По́шлая[25] хи́трость удала́сь: само-
лю́бие старика́ расшевели́лось, и он реши́лся по-

---

[21] **посвата́ться**: seek in marriage.
[22] **сдви́нул бро́ви**: knit his brows.
[23] **мека́ть**: think, suppose.
[24] **пойдёт в мона́хи**: will become a monk. See footnote 14–15.
[25] **по́шлая**: (here) low, base.

Семе́йная хро́ника

держа́ться.[26] Он продикто́вал сы́ну письмо́, в кото́ром вы́разил удивле́ние, что он приня́лся опя́ть за пре́жнее, и повтори́л то, что говори́л ему́ на слова́х. Коро́че,[27] письмо́ содержа́ло положи́тельный отка́з.

Прошло́ две-три неде́ли — не́ было пи́сем от Алексе́я Степа́новича.

* * * * * *

Очеви́дно бы́ло, что письмо́ ожида́ли с нетерпе́ньем, потому́ что все встрепену́лись. «От Алёши?» — спроси́л торопли́во и неспоко́йно стари́к. «От бра́тца» отвеча́ла Таню́ша. «Ну, чита́й, Таню́ша» — сказа́л де́душка. Татья́на Степа́новна была́ его́ чтецо́м и писцо́м. Она́ помести́лась[28] у око́шка; ба́бушка оста́вила пря́лку, де́душка встал с крова́ти, и все обсе́ли[29] круго́м Татья́ну Степа́новну, распеча́тавшую ме́жду тем письмо́, но не сме́вшую предвари́тельно загляну́ть в него́. По́сле мину́тного молча́ния начало́сь ме́дленное и вня́тное чте́ние вполго́лоса. По́сле обыкнове́нных тогда́: «Ми́лостивейший госуда́рь ба́тюшка и ми́лостивейшая госуда́рыня ма́тушка», Алексе́й Степа́нович писа́л почти́ сле́дующее: «На после́днее моё проси́тельное письмо́ я име́л несча́стье получи́ть неми́лостивый[30] отве́т от вас, дража́йшие роди́тели. Не могу́ преступи́ть во́ли ва́шей и покоря́юсь ей; но не могу́ до́лго влачи́ть бре́мя мое́й жи́зни без обожа́емой мно́ю

---

[26] **подержа́ться:** to stand firm for awhile.
[27] **коро́че:** in brief.
[28] **помести́лась:** sat.
[29] **обсе́ли круго́м:** sat down around. The preposition круго́м would now govern the genitive case.
[30] **неми́лостивый:** (here) unfavorable.

Софьи Николаевны, а потому в непродолжительном времени смертоносная пуля скоро просверлит голову несчастного вашего сына». Эффект был сильный; тётки мои захныкали, бабушка, ничего подобного не
5 ожидавшая, побледнела, всплеснула руками и повалилась без памяти на пол. Степан Михайлович не шевельнулся; только голова его покосилась на одну сторону, как перед началом припадка гнева, и слегка затряслась... Она не переставала уже[31]
10 трястись до его смерти. Дочери, опомнившись, бросились помогать матери и скоро привели[32] её в чувство. Тогда, поднявши вой как по мёртвому, Арина Васильевна бросилась в ноги Степану Михайловичу. Дочери, следуя её примеру, также
15 заголосили. Арина Васильевна, несмотря на грозное положение головы моего дедушки, забыв и не понимая, что сама подстрекнула старика не согласиться на женитьбу сына, громко завопила: «Батюшка Степан Михайлович! сжалься, не погуби родного
20 своего детиша, ведь он у нас один и есть; позволь жениться Алёше! Часу не проживу, если с ним что случится». Старик оставался неподвижно в прежнем положении. Наконец, нетвёрдым голосом сказал: «Полно выть. Выпороть надо бы Алёшу.
25 Ну, да[33] до завтра; утро[34] вечера мудренее; а теперь уйдите и велите давать обедать». Обед у старика служил успокоительным средством в трудных обстоятельствах. Арина Васильевна заголосила было

---

[31] **уже:** may, like уж, mean "really, actually, indeed" or intensify a preceding pronoun or adverb.

[32] **привести в чувство:** bring to (restore to consciousness).

[33] **да:** very well.

[34] **утро вечера мудренее:** let's sleep on it (we'll think better after a good night's sleep).

опять: «помилуй, помилуй!» Но Степан Михайлович громко закричал: «убирайтесь вон!» и в голосе его послышался рёв приближающейся бури. Все поспешно удалились.

Ответьте по-русски:

1. Почему Алексей Степанович хотел говорить с отцом?
2. Почему старик не отёл, чтобы сын женился на Софье Николаевне?
3. Как влияло это решение на сына?
4. После того, как он оправился, как Алексей Степанович относился к жизни?
5. Когда он вернулся на службу, что случилось?
6. Как ответил отец на письмо сына?
7. Что написал сын во втором письме?
8. Какой был эффект этого писма?
9. Что приказал старик? Почему?
10. Зная, что на самом деле Аксаков законный сын Алексея Степановича, можете догадаться как всё это кончилось?

Translation into Russian

(With emphasis on the use of present active participles, which should be used, wherever possible, to render the relative clauses below)

1. The man who loves his wife too much will suffer.
2. They themselves are treating the son, who is delirious.
3. The woman entering the house is his mother.
4. The man who rejoices in everything never feels offended.

5. The letter which is startling them so is from their son.
6. The father, who is still not permitting his son to marry, is wavering.
7. However, he will send off a letter containing a refusal.
8. All hearing his loud voice hurriedly withdrew.

Hints on Stress

(Present active participle)

The stress of the present active participle is regularly the same as that of the third person plural of the present: беле́ют – беле́ющий; беру́т – беру́щий; зна́ют – зна́ющий; говоря́т – говоря́щий; слу́жат – слу́жащий.

Exceptions (all with mobile stress in the present) are будя́щий, водя́щий, гоня́щий (from гнать), дразня́щий, куря́щий, маня́щий, могу́щий, трудя́щийся (also used as adjective and noun), уча́щий, уча́щийся (also used as noun).

Reading Twenty-One

Verbs to Learn

велéть, -лю́, -ли́шь order, command
вознаграждáть; вознагради́ть, -ажу́, -ади́шь reward
вызывáть; вы́звать, вы́зову, вы́зовешь call, summon, challenge, provoke
отдыхáть; отдохну́ть, -ну́, -нёшь rest, relax
переменя́ть; перемени́ть, -еню́, -éнишь change (something), replace
переменя́ться; перемени́ться change (become altered)
перепи́сывать; переписáть, -ишу́, -и́шешь make a copy
помещáться; помести́ться, -ещу́сь, -ести́шься be located, find room
попадáть; попáсть, -аду́, -адёшь (past: попáл, попáла) find oneself, chance upon, hit
поступáть; поступи́ть, -уплю́, -у́пишь act, deal with, enter, enroll
развлекáть; развлéчь, -еку́, -ечёшь... -еку́т (past: развлёк, -еклá) entertain, amuse
развлекáться; развлéчься have a good time, enjoy oneself
стреми́ться, -млю́сь, -ми́шься rush, strive
толкáть; толкну́ть, -ну́, -нёшь push

ИЗ ПÓВЕСТИ «ШИНÉЛЬ» (1842)*
НИКОЛÁЯ ВАСИ́ЛЬЕВИЧА ГÓГОЛЯ (1809–1852)

Когдá и в какóе врéмя он поступи́л в департáмент и кто определи́л егó, э́того никтó не мог припóмнить. Скóлько ни переменя́лось директорóв и вся́ких начáльников, егó ви́дели всё на однóм и тóм же

---

* *The Overcoat* is the story of a petty copy clerk, Akakii Akakievich, who saves money painfully to buy a needed overcoat. This selection is an introductory description of Akakii Akakievich.

месте, в том же положении, в той же самой должности, тем же чиновником для письма; так что потом уверились, что он, видно, так и родился на свет уже совершенно готовым, в вицмундире[1] и с
5 лысиной на голове.

В департаменте не оказывалось к нему никакого уважения. Сторожа не только не вставали с мест, когда он проходил, но даже не глядели на него, как будто бы через приёмную пролетела простая муха.
10 Начальники поступали с ним как-то холодно-деспотически. Какой-нибудь помощник столоначальника прямо совал ему под нос бумаги, не сказав даже: «перепишите», или «вот интересное, хорошенькое дельце»,[2] или что-нибудь приятное, как упо-
15 требляется в благовоспитанных службах. И он брал, посмотрев только на бумагу, не глядя, кто ему подложил и имел ли на то право. Он брал и тут[3] же пристраивался[4] писать её.

Молодые чиновники подсмеивались и острились[5]
20 над ним во[6] сколько хватало канцелярского[7] остроумия, рассказывали тут же пред ним разные составленные про него истории,[8] про его хозяйку, семидесятилетнюю старуху, говорили, что она бьёт его, спрашивали, когда будет их свадьба, сыпали на
25 голову[9] ему бумажки,[10] называя это снегом. Но ни

[1] **вицмундир**: uniform frock coat (worn by pre-Revolution government officials).
[2] **дельце**: little job.
[3] **тут же**: on the spot, immediately.
[4] **пристраивался**: he would get ready.
[5] **острились** = остри́ли.
[6] **во сколько**: to the degree that.
[7] **канцелярский**: office.
[8] **истории**: stories.
[9] **голову ему**: his head.
[10] **бумажка**: piece of paper.

Шинéль

одногó слóва не отвечáл на э́то Акáкий Акáкиевич, как бýдто бы никогó и нé было пéред ним; э́то не имéло дáже влия́ния на заня́тия егó: средú всех э́тих докýк он не дéлал ни однóй ошúбки в письмé. Тóлько éсли ужé слúшком былá невыносúма шýтка, когдá толкáли егó пóд руку, мешáя занимáться свoúм дéлом, он произносúл: «остáвьте меня́, зачéм вы меня́ обижáете». И чтó-то стрáнное заключáлось в словáх и в гóлосе, с какúм онú бы́ли произнесены́.

В нём слы́шалось чтó-то такóе преклоня́ющее на жáлость,[11] что одúн молодóй человéк, недáвно определúвшийся, котóрый, по примéру другúх, позвóлил бы́ло себé посмея́ться над ним, вдруг остановúлся как бýдто пронзённый,[12] и с тех пор как бýдто всё переменúлось пéред ним и показáлось в другóм вúде. Какáя-то неестéственная сúла оттолкнýла егó от товáрищей, с котóрыми он познакóмился, приня́в их за прилúчных, свéтских людéй. И дóлго потóм средú сáмых весёлых минýт представля́лся емý нúзенький чинóвник с лы́синкою на лбу, с свoúми проникáющими словáми: «остáвьте меня́, зачéм вы меня́ обижáете» — и в э́тих проникáющих словáх звенéли другúе словá: «я брат твой». И закрывáл себя́ рукóю бéдный молодóй человéк, и мнóго раз содрогáлся потóм на векý своём, вúдя, как мнóго в человéке бесчеловéчья, как мнóго скры́то свирéпой грýбости в утончённой, образóванной свéтскости[13] и, бóже! дáже в том человéке, котóрого свет признаёт благорóдным и чéстным...

Вряд ли где мóжно бы́ло найтú человéка, котóрый так жил бы в своéй дóлжности. Мáло сказáть: он

---

[11] **жáлость**: sadness, sorrow.
[12] **пронзённый**: transfixed.
[13] **свéтскость**: good manners.

служи́л ре́вностно, нет, он служи́л с любо́вью. Там, в э́том перепи́сываньи, ему́[14] ви́делся како́й-то свой разнообра́зный и прия́тный мир. Наслажде́ние выража́лось на лице́ его́; не́которые бу́квы у него́ бы́ли
5 фавори́ты, до кото́рых е́сли он добира́лся, то был сам не свой: и подсме́ивался, и подми́гивал, и помога́л губа́ми, та́к что в лице́ его́, каза́лось, мо́жно бы́ло проче́сть вся́кую бу́кву, кото́рую выводи́ло[15] перо́ его́.
10 Éсли бы, соразме́рно его́ рве́нию, дава́ли ему́ награ́ды, он, к изумле́нию своему́, мо́жет быть, да́же попа́л бы в ста́тские сове́тники, но вы́служил он, как выража́лись остряки́, его́ това́рищи, пря́жку[16] в петли́цу, да на́жил геморо́й в поясни́цу.
15 Впро́чем, нельзя́ сказа́ть, чтобы не́ было к нему́ никако́го внима́ния. Оди́н дире́ктор, бу́дучи до́брый челове́к и жела́я вознагради́ть его́ за до́лгую слу́жбу, приказа́л дать ему́ что́-нибудь поважне́е, чем обыкнове́нное перепи́сыванье; и́менно из гото́-
20 вого уже́ де́ла ве́лено бы́ло ему́ сде́лать како́е-то отноше́ние[17] в друго́е прису́тственное ме́сто: де́ло состоя́ло то́лько в том, что́бы перемени́ть загла́вный ти́тул, да перемени́ть ко́е-где́ глаго́лы из пе́рвого лица́ в тре́тье. Э́то зада́ло ему́ таку́ю рабо́ту, что он
25 вспоте́л соверше́нно, тёр лоб и наконе́ц сказа́л: «Нет, лу́чше да́йте,[18] я перепишу́ что́-нибудь». С

[14] **ему́ ви́делся:** he saw.
[15] **выводи́ло:** would painstakingly draw.
[16] **пря́жку в петли́цу:** a clasp for the stripe on his uniform.
[17] **отноше́ние:** document (sent to an official personage or institution).
[18] **да́йте, я перепишу́:** let me copy. Дай/да́йте or дава́й/дава́йте may be used with the first person (singular or plural) of the future to ask permission to render a service: дава́йте/да́йте, я вам помогу́: let me help you. Distinguish from the

Шине́ль

тех пор оста́вили его́ навсегда́ перепи́сывать. Вне э́того перепи́сыванья, каза́лось, для него́ ничего́ не существова́ло.

Он не ду́мал во́все о своём пла́тье: вицмунди́р у него́ был не зелёный, а како́го-то рыжева́то-мучно́го цве́та. Воротничо́к на нём был у́зенький, ни́зенький, та́к что ше́я его́, несмотря́ на то, что не была́ длинна́, выходя́ из воротника́, каза́лась необыкнове́нно дли́нною. И всегда́ что́-нибудь да[19] прилипа́ло к его́ вицмунди́ру: и́ли сенца́[20] кусо́чек, и́ли кака́я-нибудь ни́точка; к тому́ же он име́л осо́бенное иску́сство, ходя́ по у́лице, поспева́ть под окно́ и́менно в то са́мое вре́мя, когда́ из него́ выбра́сывали вся́кую дрянь, и оттого́ ве́чно уноси́л на свое́й шля́пе арбу́зные и ды́нные ко́рки и тому́ подо́бный вздор.[21]

Ни оди́н раз в жи́зни не обрати́л он внима́ния на то, что де́лается и происхо́дит вся́кий день на у́лице, на что, как изве́стно, всегда́ посмо́трит его́ же брат, молодо́й чино́вник, простира́ющий до того́, проница́тельность своего́ бо́йкого взгля́да, что заме́тит да́же, у кого́ на друго́й стороне́ тротуа́ра отпоро́лась внизу́ пантало́н[22] стремёшка, — что́ вызыва́ет всегда́ лука́вую усме́шку на лице́ его́. Но Ака́кий Ака́киевич е́сли и гляде́л на что, то ви́дел на всём свой

---

construction дава́й/дава́йте + infinitive or first person *plural* of the future used as an invitation to joint activity: дава́йте посиде́ть/посиди́м: let's sit a bit.

[19] **да прилипа́ло**: would be clinging there. Да may be a reinforcing particle, either at the beginning of a sentence or before the predicate, to intensify either.

[20] **сенцо́**: hay.

[21] **вздор**: (here) refuse, garbage.

[22] **пантало́н стремёшка**: footstrap of his trousers.

чи́стые, ро́вным по́черком вы́писанные стро́ки, и то́лько ра́зве, е́сли, неизве́стно отку́да взя́вшись,[23] лошади́ная мо́рда помеща́лась ему́ на плечо́ и напуска́ла ноздря́ми це́лый ве́тер в щёку, тогда́ то́лько замеча́л он, что он не на середи́не строки́, а скоре́е на середи́не у́лицы.

Приходя́ домо́й, он сади́лся то́т же час[24] за стол, хлеба́л на́скоро свои́ щи и ел кусо́к говя́дины с лу́ком, во́все не замеча́я их вку́са, ел всё э́то с му́хами, со всем тем, что́ ни посыла́л бог на ту по́ру. Заме́тивши, что желу́док начина́л пу́читься,[25] встава́л из-за стола́, вынима́л ба́ночку с черни́лами и перепи́сывал бума́ги, принесённые на́ дом. Е́сли же таки́х не случа́лось, он снима́л[26] наро́чно, для со́бственного удово́льствия, ко́пию для себя́, осо́бенно, е́сли бума́га была́ замеча́тельна не по красоте́ сло́га, а по а́дресу к како́му-нибудь но́вому и́ли ва́жному лицу́.

Да́же в те часы́, когда́ соверше́нно потуха́ет петербу́ргское се́рое не́бо и весь чино́вный наро́д нае́лся[27] и отобе́дал кто как мог, сообра́зно с получа́емым жа́лованьем и со́бственной при́хотью, когда́ всё уже́ отдохну́ло по́сле департа́ментского скрипе́нья пе́рьями, беготни́ свои́х и чужи́х необходи́мых заня́тий и всего́ того́ что задаёт себе́ доброво́льно, бо́льше да́же чем ну́жно, неугомо́нный челове́к, когда́ чино́вники спеша́т преда́ть наслажде́нию оста́вшееся вре́мя: кто побойче́е, несётся в теа́тр; кто на у́лицу,

---

[23] **взя́вшись:** having appeared.
[24] **час:** (here) moment.
[25] **пу́читься:** swell.
[26] **снима́ть... ко́пию:** make a copy.
[27] **нае́лся.** See footnote 35.

Шине́ль

определя́я его́ на рассма́триванье ко́е-каки́х[28] шля-
пёнок; кто на ве́чер истра́тить[29] его́ в комплиме́нтах
како́й-нибудь смазли́вой де́вушке, звезде́ небольшо́го
чино́вного кру́га; кто, и э́то случа́ется ча́ще всего́,
идёт, про́сто, к своему́ бра́ту в четвёртый и́ли тре́тий
эта́ж, в две небольши́е ко́мнаты с пере́дней и́ли
ку́хней и ко́е-каки́ми мо́дными прете́нзиями, ла́мпой
и́ли ино́й вещи́цей, сто́ившей мно́гих поже́ртвований,
отка́зов от обе́дов, гуля́ний[30]; сло́вом, да́же в то
вре́мя, когда́ все чино́вники рассе́иваются[31] по
ма́леньким кварти́ркам свои́х прия́телей поигра́ть в
вист, прихлёбывая[32] чай из стака́нов с копе́ечными
сухаря́ми, затя́гиваясь[33] ды́мом из дли́нных чубу-
ко́в, расска́зывая во вре́мя сда́чи каку́ю-нибудь
спле́тню, занёсшуюся[34] из вы́сшего о́бщества, от
кото́рого никогда́ и ни в како́м состоя́нии не мо́жет
отказа́ться ру́сский челове́к, — сло́вом, да́же тогда́,
когда́ всё стреми́тся развле́чься, Ака́кий Ака́киевич
не предава́лся никако́му развлече́нию.

Никто́ не мог сказа́ть, что́бы когда́-нибудь ви́дел
его́ на како́м-нибудь ве́чере. Написа́вшись[35]
всласть, он ложи́лся спать, улыба́ясь зара́нее при
мы́сли о за́втрашнем дне: что́-то бог пошлёт пере-
пи́сывать за́втра.

---

[28] **ко́е-како́й**: (here) insignificant.
[29] **истра́тить**: spend.
[30] **гуля́ние**: outing.
[31] **рассе́иваются**: are scattered.
[32] **прихлёбывая**: sipping.
[33] **затя́гиваясь ды́мом**: inhaling the smoke.
[34] **занёсшуюся**: which had flown far away.
[35] **написа́вшись всласть**: having written to his heart's
content. The verbal prefix на- when joined to verbs in -ся
may convey the meaning of full satisfaction or satiation for
the acting agent. Note нае́лся (note 27): ate its fill.

Ответьте по-русски:

1. Акакий Акакиевич давно в департаменте?
2. Как поступали другие чиновники с ним?
3. Что случилось, когда один раз задали ему новое задание?
4. Он одевался со вкусом?
5. Как он относился к жизни на улице?
6. Как он отдыхал дома?
7. Другие чиновники думали о службе вечером?
8. Что делали, например, некоторые из них?
9. Почему Акакий Акакиевич улыбался, когда ложился спать?

Translation into Russian

(With emphasis on the use of the past active participle, which should be used to render relative clauses below whenever possible)

1. Nobody knew when the official who had been born in a uniform had entered the department.
2. The officials who had pushed him under his arm heard him say, "Leave me alone."
3. The official who had not even looked at the assistant began to copy the document.
4. The young man who had recently been appointed could not laugh at him.
5. The director who had ordered that he be given something more important wanted to reward him for his long service.
6. The officials who had been at work all day were now rushing to have a good time.

Hints on Stress

(Past active participle)

In verbs with the infinitive in -ти the past active participle stresses the syllable just before the suffix and ending: везти́ – вёзший; нести́ – нёсший.

Verbs with infinitive in -ереть follow the same pattern as verbs with infinitive in -ти: умере́ть – уме́рший; обтере́ть – обтёрший; запере́ть – запёрший.

In verbs with infinitive in -ть (except those in -ереть) and -чь the stress of the past active participle is the same as that of the infinitive: води́ть – води́вший; помо́чь – помо́гший.

Reading Twenty-Two

Verbs to Learn

вмéшиваться; вмешáться   interfere, intervene, meddle
возбуждáть; возбудúть, -ужý, -удúшь   excite, arouse
восхищáться; восхитúться, -хищý, -хúтишь   admire, be delighted (with)
добивáться; добúться, -бьюсь, -бьёшься   get, obtain; (imperfective only) try to get or obtain
жéртвовать, -твую, -твуешь; пожéртвовать   give (donate); (with instrumental) sacrifice
заменя́ть; заменúть, -еню́, -éнишь   replace
заслýживать; заслужúть, -ужý, -ýжишь   deserve, merit
накáзывать; наказáть, -ажý, -áжешь   punish
ошибáться; ошибúться, -бýсь, -бьёшься (past: ошúбся, ошúблась)   be mistaken
подавля́ть; подавúть, -авлю́, -áвишь   suppress, restrain, stifle
подчиня́ть; подчинúть, -ню́, -нúшь   subordinate, subdue
раздражáть; раздразúть, -жý, -жúшь   irritate, annoy
торжествовáть, -твýю, -твýешь   celebrate a victory; triumph (over)
уничтожáть; уничтóжить, -жу, -жишь   destroy, annihilate

NOTE: So that the student may have some practice in determining the stress for himself (ordinary Russian texts, of course, are not accentuated), the remaining readings have few stress marks. On the basis of the materials and principles given in this manual (including those in the current reading units) and the basic dictionary forms given in the O'Brien Dictionary—that is, nominative singular of noun and adjective, infinitive of verb (for whatever aspects given), and uninflected words (adverbs, etc.)—the student should be able to place the stress correctly on the words without marked stress. The stress has been given in those cases where the student could not (on the basis of the above background) be expected to determine the stress.

In some cases (as, for example, the pronoun) there is assumed a knowledge of stress gained in an elementary course.

ИЗ РОМАНА «ГЕРОЙ НАШЕГО ВРЕМЕНИ» (1840) МИХАЙЛА ЮРЬЕВИЧА ЛЕ́РМОНТОВА
(1814–1841)

23-го мая.[1]

Между те́м княжне моё равнодушие[2] было досадно, как я мог догадаться по одному сердитому, блестя́щему[3] взгляду... О, я удивительно понимаю этот разговор, немой, но выразительный, краткий, но сильный!...

Она запе́ла: её голос неду́рен, но поёт она плохо... впрочем, я не слушал. Зато Грушни́цкий, облокотя́сь на рояль против неё, пожирал её глазами и помину́тно говорил вполголоса: «Charmant! Délicieux!»

— Послушай, — говорила мне Ве́ра: — я не хочу, чтоб ты знакомился с моим мужем, но ты должен непременно понравиться княгине; тебе это легко; ты можешь всё, что захочешь. Мы здесь только будем видеться...

— Только?...

Она покраснела и продолжала:

— Ты знаешь, что я твоя раба, я никогда не умела тебе противиться... и я буду за это нака́зана: ты меня разлю́бишь![4] По крайней мере я хочу сберечь свою репутацию... не для себя: ты это знаешь очень хорошо!... О, я прошу тебя: не мучь

---

[1] *The Hero of Our Times* is composed of five tales. One of them, *Princess Mary*, furnishes this excerpt. The tale is in the form of the diary of Pechorin, the hero of the novel.
[2] **равнодушие:** indifference.
[3] **блестящий:** (here) blazing.
[4] **разлюбить:** stop loving.

меня попрежнему пустыми сомненьями и притворной хо́лодностью; я, может быть, скоро умру, я чувствую, что слабе́ю со дня на день... и, несмотря на это, я не могу думать о будущей жизни, я думаю только о тебе... Вы, мужчины, не понимаете наслаждений взора, пожатия руки... а я, кляну́сь тебе, я, прислушиваясь к твоему голосу, чувствую такое глубокое, странное блаженство, что самые жаркие поцелуи не могут заменить его.

Между те́м княжна Ме́ри перестала петь. Ропот похва́л раздался вокруг неё; я подошёл к ней после всех и сказал ей что-то насчёт её голоса довольно[5] небрежно.

Она сделала гримасу, выдвинув нижнюю губу, и присела очень насмешливо.

— Мне это тем более лестно, — сказала она, — что вы меня вовсе не слушали; но вы, может быть, не любите музыки?...

— Напротив... после обеда особенно.

— Грушни́цкий прав, говоря, что у вас самые прозаические вкусы... и я вижу, что вы любите музыку в гастрономическом отношении...

— Вы ошибаетесь опять: я вовсе не гастроном: у меня прескверный[6] желудок. Но музыка после обеда усыпляет, а спать после обеда здорово; следовательно,[7] я люблю музыку в медицинском отношении. Вечером же она, напротив, слишком раздражает мои нервы; мне делается или слишком грустно, или слишком весело. То[8] и другое утомительно, когда нет положительной причины грустить или

[5] **дово́льно:** rather.
[6] **прескверный:** (here) very bad.
[7] **следовательно:** consequently.
[8] **то и другое:** both (each of them).

Герой нашего времени

радоваться, и притом грусть в обществе смешна, а слишком большая весёлость неприлична...

Она не дослушала, отошла прочь, села возле Грушницкого, и между ними начался какой-то сентиментальный разговор: кажется, княжна отвечала на его мудрые фразы довольно рассеянно и неудачно, хотя старалась показать, что слушает его со вниманием, потому что он иногда смотрел на неё с удивлением, стараясь угадать причину внутреннего волнения, изображавшегося иногда в её беспокойном взгляде...

Но я вас отгадал, милая княжна, берегитесь! Вы хотите мне отплатить тою же монетою, кольнуть моё самолюбие, — вам не удастся! и если вы мне объявите войну, то я буду беспощаден.

В продолжение вечера я несколько раз нарочно старался вмешаться в их разговор, но она довольно сухо встречала мои замечания, и я с притворною досадой, наконец, удалился. Княжна торжествовала; Грушницкий тоже. Торжествуйте, друзья мои, торопитесь... вам недолго торжествовать!... Как быть? у меня есть предчувствие... Знакомясь с женщиной, я всегда безошибочно отгадывал, будет она меня любить или нет.

Остальную часть вечера я провёл возле Веры и досыта наговорился о старине... За что она меня так любит, право не знаю! — Тем более, что это одна женщина, которая меня поняла совершенно, со всеми моими мелкими[9] слабостями, дурными страстями... Неужели зло так привлекательно?...

Мы вышли вместе с Грушницким; на улице он взял меня под руку и после долгого молчания сказал:

— Ну, что?

---

[9] **мелкий**: (here) petty.

«Ты глуп», — хотел я ему ответить, но удержался и только пожал плечами.

29-го мая.

Все эти дни я ни разу не отступил от своей системы. Княжне начинает нравиться мой разговор; я рассказал ей некоторые из странных случаев моей жизни, и она начинает видеть во мне человека необыкновенного. Я смеюсь над всем на свете, особенно над чувствами: это начинает её пугать. Она при мне не смеет пускаться с Грушницким в сентиментальные прения и уже несколько раз отвечала на его выходки насмешливой улыбкой, но я всякий раз, как Грушницкий подходит к ней, принимаю смиренный вид и оставляю их вдвоём; в первый раз была она этому рада, или старалась показать; во второй рассердилась на меня; в третий — на Грушницкого.

— У вас очень мало самолюбия! — сказала она мне вчера. — Отчего вы думаете, что мне веселее с Грушницким?

Я отвечал, что жертвую счастью приятеля своим удовольствием...

— И моим, — прибавила она.

Я пристально посмотрел на неё и принял серьёзный вид. Потом целый день не говорил с ней ни слова... Вечером она была задумчива, нынче поутру у колодца ещё задумчивее. Когда я подошёл к ней, она рассеянно слушала Грушницкого, который, кажется, восхищался природой, но только что завидела меня, она стала хохотать (очень некстати), показывая, будто меня не примечает. Я отошёл подальше и украдкой стал наблюдать за ней: она отвернулась от своего собеседника и зевнула два

Герой нашего времени

раза. Решительно, Грушницкий ей надоел. — Ещё два дня не буду с ней говорить.

3-го июня.

Я часто себя спрашиваю, зачем я так упорно добиваюсь любви молоденькой девочки, которую обольстить я не хочу и на которой никогда не женюсь? К чему это женское кокетство? Вера меня любит больше, чем княжна Мери будет любить когда-нибудь; если б она мне казалась непобедимой красавицей, то, может быть, я бы завлёкся трудностью предприятия...

Но ничуть[10] не бывало! Следовательно, это не та беспокойная потребность любви, которая нас мучит в первые годы молодости, бросает нас от одной женщины к другой, пока[11] мы найдём такую, которая нас терпеть не может; тут начинается наше постоянство — истинная бесконечная страсть, которую математически можно выразить линией, падающей из точки в пространство; секрет этой бесконечности — только в невозможности достигнуть цели, то есть конца.

Из[12] чего же я хлопочу? Из зависти к Грушницкому? Бедняжка! он вовсе её не заслуживает. Или это следствие того скверного, но непобедимого чувства, которое заставляет нас уничтожать сладкие заблуждения ближнего, чтоб иметь мелкое удовольствие сказать ему, когда он в отчаянии будет спрашивать, чему он должен верить:

— Мой друг, со мною было то же самое! и ты

---

[10] **ничуть не бывало**: not at all.
[11] **пока**: until. With this meaning пока is usually accompanied by не (and the perfective future, as here).
[12] **из чего**: why.

видишь, однако, я обедаю, ужинаю и сплю преспокойно и, надеюсь, сумею умереть без крика и слёз!

А ведь есть необъятное наслаждение в обладании молодой, едва распустившейся души! Она как цветок, которого лучший аромат испаряется[13] навстречу первому лучу солнца; его надо сорвать в эту минуту и, подышав им досыта, бросить на дороге: авось кто-нибудь поднимет. Я чувствую в себе эту ненасытную[14] жадность, поглощающую всё, что встречается на пути; я смотрю на страдания и радости других только в отношении к себе, как на пищу, поддерживающую мои душевные[15] силы. Сам я больше не способен безумствовать под влиянием страсти; честолюбие у меня подавлено обстоятельствами, но оно проявилось в другом виде, ибо честолюбие есть не что иное, как жажда власти, а первое моё удовольствие — подчинять моей воле всё, что меня окружает; возбуждать к себе чувство любви, преданности и страха — не есть ли первый признак и величайшее торжество власти? Быть для кого-нибудь причиною страданий и радостей, не имея на то никакого положительного права, — не самая ли это сладкая пища нашей гордости? А что такое счастье? Насыщенная гордость.

Ответьте по-русски:

1. Печорин (который ведёт дневник) скорее идеалист или циник?
2. Что хочет Вера?

---

[13] **испаряется:** (here) emanates.
[14] **ненасытный:** insatiable.
[15] **душевный:** spiritual.

Герой нашего времени

3. Почему Печорин не любит слушать музыки вечером?
4. По-вашему, Печорин хорошо понимает женщин?
5. Почему княжна Мери предпочитает Печорина Грушницкому?
6. Печорин уважает или боится Грушницкого как соперника?
7. Как относится Печорин к страданиям и радостям других?
8. Что самое важное для Печорина?
9. По-вашему, счастье доступно или недоступно Печорину?

Translation into Russian

(With emphasis on the use of the present passive participle)

1. Being irritated by music in the evening, I make a mistake if I listen when somebody sings.
2. I do not admire nature, so admired by Grushnitsky.
3. Why do I try to obtain the love of a woman not loved by me?
4. My ambition is nothing else but a thirst for power supported by the love and devotion of others.
5. My first pleasure is the feeling of fright aroused in others.
6. I love to destroy a young girl subordinated to my will.
7. If she were a beauty who is easily replaceable, I should not take such troubles.

Hints on Stress

(Present passive participle)

For verbs with the third person plural of the present in -ют/-ут, with the exception of those with infinitive in -авать, the stress of the present passive participle is the same as that of the third person plural of the present: зна́ют – зна́емый; коле́блют – коле́блемый; пресле́дуют – пресле́дуемый; волну́ют – волну́емый.

For verbs with the third person plural of the present in -ят/-ат, as well as for those with infinitive in -авать, the stress of the present passive participle is the same as that of the infinitive: слы́шать – слы́шимый; ви́деть – ви́димый; лови́ть – лови́мый; дава́ть – дава́емый.

Reading Twenty-Three

Verbs to Learn

воспи́тывать; воспита́ть   bring up, educate (moral connotation)
исчеза́ть; исче́знуть, -ну, -нешь (past: исче́з, -е́зла)   disappear
кля́сться, кляну́сь, клянёшься (past: кля́лся, кляла́сь)   swear (make a vow); perfective: покля́сться
ободря́ть; ободри́ть, -рю́, -ри́шь   encourage
ободря́ться; ободри́ться   take courage
опаса́ться (+genitive)   fear
опроки́дывать; опроки́нуть, -ну, -нешь   overturn, upset (something)
опроки́дываться; опроки́нуться   be overturned, be upset
отлича́ться; отличи́ться, -чу́сь, -чи́шься   differ (from), distinguish oneself
очути́ться, (first person not used) очу́тишься   find oneself (somewhere)
плати́ть, плачу́, пла́тишь   pay
приближа́ть; прибли́зить, -ли́жу, -ли́зишь   bring nearer
приближа́ться; прибли́зиться   approach
угова́ривать; уговори́ть, -рю́, -ри́шь   persuade
угова́риваться; уговори́ться   arrange (with)
успока́ивать; успоко́ить, -о́ю, -о́ишь   calm, quiet
успока́иваться; успоко́иться   calm oneself
устава́ть, устаю́, устаёшь; уста́ть, уста́ну, уста́нешь   tire
утиха́ть; ути́хнуть, -ну, -нешь (past: ути́х, ути́хла)   quiet down

СОКРАЩЕНИЕ ПОВЕСТИ «МЕТЕЛЬ» (1830) АЛЕКСА́НДРА СЕРГЕ́ЕВИЧА ПУ́ШКИНА (1799–1837)

Ма́рья Гаври́ловна была́ воспи́тана на францу́зских[1] рома́нах и сле́дственно[2] была́ влюблена́.

[1] **францу́зский**: French.
[2] **сле́дственно = сле́довательно**: consequently.

Предмет, избранный ею, был бедный армейский прапорщик,[3] находившийся в отпуску в своей деревне. Само[4] по себе разумеется, что молодой человек пылал равною страстью, и что родители его
5 любезной,[5] заметя[6] их взаимную склонность, запретили дочери о нём и думать.

Наши любовники были в переписке[7] и всякий день видались наедине в сосновой роще или у старой часовни. Там они клялись друг другу в вечной
10 любви, сетовали на судьбу и делали различные предположения. Переписываясь и разговаривая таким образом, они дошли до следующего рассуждения: если мы друг без друга дышать не можем, а воля жестоких родителей препятствует нашему благо-
15 получию, то нельзя ли нам будет обойтись без неё? Разумеется, что эта счастливая мысль пришла сперва в голову молодому человеку, и что она весьма понравилась романическому воображению Марьи Гавриловны.
20 Наступила зима и прекратила их свидания; но

---

[3] **прапорщик:** lieutenant. This was the lowest officer rank in the Russian army between the time of Peter the Great and 1917.

[4] **само по себе разумеется:** it goes without saying. The usual expression now is (само собой) разумеется.

[5] **любезный:** beloved. This meaning is obsolete. The present meaning is "polite, courteous."

[6] **заметя = заметив.** Gerunds in -я are now almost always formed from imperfective verbs and are present gerunds. However, in the literary language of the eighteenth and nineteenth centuries past gerunds in -я formed from perfective verbs were fairly common. The most important of the few past gerunds now in use are предпочтя: having preferred; прочтя: having read; and some for verbs of motion, such as войдя: having entered.

[7] **переписка:** correspondence.

Мете́ль

переписка сделалась тем живе́е. Влади́мир Никола́евич в каждом письме умолял её предаться ему, венчаться тайно, скрываться несколько времени, броситься потом к ногам родителей, которые, конечно, будут тронуты наконец героическим постоянством и несчастием любовников и скажут им непременно: «Дети! придите в наши объятия».

Ма́рья Гаври́ловна долго колебалась; множество планов побега было отвергнуто. Наконец она согласилась: в назна́ченный день она должна была не ужинать, удалиться в свою комнату под предлогом головной боли. Девушка[8] её была в за́говоре; обе они должны были выйти в сад через заднее крыльцо, за садом найти готовые сани, садиться в них и ехать за пять вёрст от Ненара́дова в село Жа́дрино, прямо в церковь, где уж Влади́мир должен был их ожидать.

* * * * * *

Подали ужинать; сердце её сильно забилось. Дрожащим голосом объявила она, что ей ужинать не хочется, и стала прощаться с отцом и матерью. Они её поцеловали и, по обыкновению, благословили: она чуть не заплакала. Прише́д[9] в свою комнату, она кинулась в кресла и залила́сь слезами. Девушка уговаривала её успокоиться и ободриться. Всё было готово. Через полчаса Ма́ша[10] должна была навсегда оставить родительский дом, свою комнату,

---

[8] **де́вушка:** (here) maidservant.
[9] **пришед:** having arrived. This obsolete past adverbial participle is now replaced by придя (see footnote 6 above). However, note the current past active participle пришедший.
[10] **Маша:** diminutive for Марья.

тихую девическую жизнь... На дворе была метель; ветер выл, ставни тряслись и стучали; всё казалось ей угрозой и печальным предзнаменованием. Скоро в доме всё утихло и заснуло. Маша окуталась
5 шалью, надела тёплый капот,[11] взяла в руки шкатулку свою и вышла на заднее крыльцо. Служанка несла за нею два узла. Они сошли в сад. Метель не утихала; ветер дул навстречу, как будто силясь остановить молодую преступницу. Они насилу до-
10 шли до конца сада. На дороге сани дожидались их. Лошади полетели. Поручив барышню попечению судьбы и искусству Терёшки кучера, обратимся к молодому нашему любовнику.

Целый день Владимир был в разъезде.[12] Утром
15 был он у жадринского священника; насилу с ним уговорился; потом поехал искать свидетелей между соседними помещиками. ************ Они не только приняли предложение Владимира, но даже клялись ему в готовности жертвовать для него
20 жизнью. Владимир обнял их с восторгом и поехал домой приготовляться.

Уже давно смеркалось. Он отправил своего надёжного Терёшку в Ненарадово с своею тройкою и с подробным, обстоятельным наказом, а для себя
25 велел заложить[13] маленькие сани в одну лошадь, и один без кучера отправился в Жадрино, куда часа через два должна была приехать и Марья Гавриловна. Дорога была ему знакома, а езды всего двадцать минут.

30 Но едва Владимир выехал за околицу в поле, как поднялся ветер и сделалась такая метель, что он

[11] **капот:** (here) cloak.
[12] **разъезд:** travel to various places.
[13] **заложи́ть:** harness.

Мете́ль

ничего не взви́дел.[14] В одну минуту дорогу занесло́; окрестность исчезла во мгле мутной и желтоватой, сквозь которую летели белые хлопья сне́гу; небо слило́сь с землёю; Влади́мир очути́лся в поле и напрасно хотел снова попасть на дорогу; лошадь ступала наудачу и поминутно то взъезжала на сугроб, то проваливалась в яму; сани поминутно опрокидывались. — Влади́мир старался только не потерять настоящего направления. Но ему казалось, что уже прошло более получа́са, а он не доезжал ещё до жа́дринской рощи. Прошло́ ещё около десяти минут; рощи всё было не видать. Метель не утихала, небо не проясня́лось.[15] Лошадь начинала уставать, а с[16] него пот катился градом, несмотря на то, что он поминутно был по[17] пояс в снегу́.

Наконец он увидел, что едет не[18] в ту сторону. Влади́мир остановился: начал думать, припоминать, соображать, и уверился, что до́лжно[19] было взять ему вправо. Он поехал вправо. Лошадь его чуть ступала. Уже более часа был он в дороге. Жа́дрино должно́ было быть недалеко́. Но он ехал, ехал, а полю не было конца. Всё сугробы да овраги; поминутно сани опрокидывались, поминутно он их поднимал. Время шло; Влади́мир начинал сильно беспокоиться.

[14] **взвидел** = уви́дел.

[15] **проясня́ться**: clear up.

[16] **с него пот кати́лся гра́дом**: sweat poured down his (Vladimir's) face.

[17] **по пояс**: up to his waist.

[18] **не в ту сто́рону**: in the wrong direction. Не тот may mean "the wrong."

[19] **должно́ было взять ему́ впра́во**: he should have turned to the right.

Наконец в стороне что-то стало чернеть.[20] Владимир поворотил туда. Приближаясь, увидел он рощу. Слава богу, подумал он, теперь близко. Он поехал около рощи, надеясь тотчас попасть на знакомую дорогу или объехать рощу кругом: Жа́дрино находилось тотчас за не́ю. Скоро нашёл он дорогу. Дорога была гладкая; лошадь ободрилась и Влади́мир успокоился.

Но он ехал, ехал, а Жа́дрина было не видать; роще не было конца. Влади́мир с ужасом увидел, что он заехал в незнакомый лес. Отчаяние овладело им. Он ударил по лошади; бедное животное пошло было рысью, но скоро стало приставать и через четверть часа́ пошло шагом, несмотря на все услия несчастного Влади́мира.

Мало-по-малу дере́вья начали редеть, и Влади́мир выехал и́з лесу; Жа́дрина было не видать. Должно́ было быть около полу́ночи. Слёзы брызнули из глаз его; он поехал наудачу.

* * * * * *

Пели петухи́ и было уже светло́, как достигли они[21] Жа́дрина. Церковь была заперта́. Влади́мир заплатил проводнику и поехал на двор к священнику. На дворе́ тройки его не было. Какое известие ожидало его!

Но возвратимся к добрым ненара́довским помещикам и посмотрим, что-то у них делается.

А ничего.

Старики́ проснулись и вышли в гостиную. Подали самовар, и Гаври́ла Гаври́лович послал девчон-

---

[20] **чернеть:** become black.
[21] In the omitted section Vladimir arrived at a small village, where he hired a guide to take him to Zhadrino.

Метéль

ку[22] узнать от Мáрьи Гавриловны, каково её здоровье и как она почивала. Девчонка воротилась, объявляя, что барышня почивала-де дýрно, но что ей-де теперь легче, и что онá-де сейчас придёт в гостиную. В самом деле, дверь отворилась, и Марья Гавриловна подошла здороваться с папенькой и с маменькой.

День прошёл благополучно, но в ночь Мáша занемоглá. Послали в город за лекарем. Он приехал к вечеру и нашёл больную в бреду. Открылась сильная горячка, и бедная больная две недели находилась у края гроба.

Никто в доме не знал о предположенном побеге. Письма, накануне éю написанные, были сожжены́; её горничная никому ни о чём не говорила, опасаясь гнева госпóд.[23] Но Мáрья Гавриловна сама, в беспрестанном бреду, высказывала свою тайну. Однако ж её слова были столь несообразны ни с чем, что мать, не отходившая от её постели, могла понять из них только то, что дочь её была смертельно влюбленá во Владúмира Николáевича, и что вероятно любовь была причиною её болезни.

Барышня стала выздоравливать. Владúмира давно не видно было в доме Гавриíлы Гавриíловича. Положили* послать за ним и объявить ему неожиданное счастье: согласие на брак. Но каковó было изумление ненарáдовских помещиков, когда в ответ на их приглашение получили они от него полусумасшéдшее письмо! Он объявлял им, что нога его не будет никогда в их доме, и просил забыть о несчастном, для которого смерть остаётся единою

---
[22] **девчóнка:** (here) maidservant.
[23] **госпóд:** of her masters.
* See footnote 24–5.

надеждою. Через несколько дней узнали они, что Владимир уехал в армию. Это было в 1812 году.

Долго не смели объявить об этом выздоравливающей Маше. Она никогда не упоминала о Влади-
5 мире. Несколько месяцев уже спустя, нашед[24] имя его в числе отличившихся и тяжело раненых под Бородиным,[25] она упала в обморок, и боялись,[26] чтоб горячка её не возвратилась. Однако, слава богу, обморок не имел последствий.

Ответьте по-русски:

1. Почему Марья Гавриловна была влюблена?
2. На что любовники решились?
3. Какая была погода, когда Маша собиралась оставить дом?
4. Как хлопотал Владимир в этот день?
5. Почему было так трудно Владимиру ехать?
6. Когда он доехал до Жадрина?
7. Где была Марья Гавриловна в это время?
8. Как серьёзно заболела она?
9. Что написали её родители Владимиру?
10. Что он ответил и что он сделал потом?

---

[24] **нашед:** having found. See footnote 9 above for similar obsolete past gerund.

[25] The greatest battle between the forces of Napoleon and Kutuzov took place near Borodino (Sept. 7, 1812). Notice that the neuter here in -ино has the same instrumental form as masculines in -ин (see footnote 14–62).

[26] **боялись, чтоб не:** were afraid that. This is the usual construction. Possibly the basic thought behind this construction goes something like this: "to fear in the hope against hope that something probable and undesirable might not happen." Cf. footnote 5–23. Чтоб(ы)... не could often be translated as "lest."

Метéль

Translation into Russian

(With emphasis on the use of the past passive participle, which should be used, wherever possible, to render relative clauses below)

1. Masha, who was brought up on French novels, wept easily.
2. The day set by them was approaching.
3. She was almost in despair when she thought that her home would be abandoned by her forever.
4. However, she was persuaded by her maidservant to calm down and take courage.
5. After Teryoshka had been sent off, Vladimir set out alone to Zhadrino, but there was such a storm that the road disappeared.
6. When Vladimir knew that the true direction had been lost, he began to be disturbed.
7. Vladimir, severely wounded, distinguished himself.

Hints on Stress
(Past passive participle)

PAST PASSIVE PARTICIPLES IN -тый.

The stress is regularly that of the masculine singular of the past: при́нял – при́нятый; уби́л – уби́тый.

Two small groups of verbs form exceptions.

When the suffix -ну- is stressed in the past, the past passive participle stresses the syllable preceding this suffix: заткну́л – за́ткнутый.

For verbs with the infinitive in -олоть or -ороть the stress in the past passive participle also precedes that of the past by one syllable: заколо́л – зако́лотый; поро́л – по́ротый.

Bear in mind that some short forms, as in the case of the adjective, may have mobile stress: на́чат, начата́, на́чато.

PAST PASSIVE PARTICIPLES IN -нный.

For verbs with the infinitive in -ать and -ять the syllable preceding the -ать or -ять is usually stressed in the past passive participle (regardless of the stress of the infinitive): прочита́ть – прочи́танный; сде́лать – сде́ланный; усе́ять – усе́янный; прогуля́ть – прогу́лянный.

However, notice жела́нный (жела́ть) and пе́реданный (переда́ть).

Special attention should be paid to the important group of past passive participles formed from verbs in -овать. When the infinitive has final stress, the vowel o of the suffix is stressed in the participle; otherwise, the stress is that of the infinitive: диктова́ть – дикто́ванный; группирова́ть – группиро́ванный; but про́бовать – про́бованный; ликвиди́ровать – ликвиди́рованный.

The short forms (for verbs in -ать and -ять) may have mobile stress: со́здан, создана́, со́здано.

For verbs with infinitive in -ить and third person plural of the present in -ят/-ат the criterion is the nature of the stress in the present. When the stress is fixed, then the past passive participle has the stress of the infinitive (if the suffix vowel is stressed, it is ё): говорю́, говори́шь – говорённый (говори́ть); уда́рю, уда́ришь – уда́ренный (уда́рить).

If the present has mobile stress, the syllable preceding the stress in the infinitive is stressed in the participle: прошу́, про́сишь – про́шенный (проси́ть).

The short forms may have mobile stress: подговорён, -ена́, -ено́.

Verbs with infinitive in -ти and those in -чь with final stress in the present have their past passive participles in -ённый: потрясти́ – потрясённый; соблюсти́ – соблюдённый; привле́чь (привлеку́, привлечёшь) – привлечённый. Exception: подстри́чь (подстригу́, подстрижёшь) – подстри́женный. The short forms may have mobile stress.

Notice that, with the exception of вы́сиженный, the stress of the past passive participle of сиде́ть and all its compounds is on the root vowel: си́женный, заси́женный, наси́женный, обси́женный, отси́женный, переси́женный, подси́женный, проси́женный, уси́женный.

Verbs with mobile stress in the past and with final stress in the feminine singular of the past (see Reading 3) usually have

Метéль

final stress in the feminine singular short form of the past passive participle, the other short ending stresses usually being those of the long form: пить: пил, пилá; пи́тый, пит, питá, пи́то. Likewise (outlined more fully in the index with only the masculine and feminine short forms cited here) взят, -тá; вит, -тá; дóжит, -тá; зáдан, -анá; зáнят, -тá; зáперт, -тá; зван, -анá; и́здан, -анá; лит, литá; нáжит, -тá; нáнят, -тá; нáчат, -тá; обня́т, -тá; óтдан, -анá; óтнят, -тá; пéредан, -анá; пéрежит, -тá; пóдан, -анá; пóднят, -тá; пóнят, -тá; прéдан, анá; предпри́нят, -тá; при́дан, -анá; прóдан, -анá (also прóдана but only распрóдана; распроданá is considered obsolete); прóклят, -тá (the adjective is прокля́тый); рáзвит, -тá; снят, -тá; сóздан, -анá; ткан, -анá. Some alternative possibilities occur and may be "correct" but have not yet been accepted by all the authorities. In any case, the stresses given above are accepted.

The following have the same stress in long and short forms despite final stress in the past feminine singular: и́збранный, подóрванный, прéрванный, разóбранный, разóрванный.

Reading Twenty-Four

Verbs to Learn

вреди́ть, врежу́, вреди́шь; повреди́ть (+dative) injure, harm
избавля́ть; изба́вить, -влю, -вишь save (from) deliver (from)
избавля́ться; изба́виться save oneself, be freed
красне́ть, -е́ю, -е́ешь; покрасне́ть grow red, blush
наклоня́ть; наклони́ть, -оню́, -о́нишь incline, bend
обнару́живать; обнару́жить, -жу, -жишь display, reveal, discover
овладева́ть; овладе́ть, -е́ю, -е́ешь (+instrumental) seize, master
оживля́ть; оживи́ть, -влю́, -ви́шь enliven, revive (another)
оживля́ться; оживи́ться become animated, revive (come back to life)
посеща́ть; посети́ть, -сещу́, -сети́шь visit
прерыва́ть; прерва́ть, -ву́, -вёшь (past: прерва́л, -ала́, -а́ло) interrupt
проти́виться, -влюсь, -вишься; воспроти́виться oppose, resist
расстава́ться, -стаю́сь, -стаёшься; расста́ться, -ста́нусь, -ста́нешься part (with)
слу́шаться; послу́шаться (+genitive) obey
сове́товать, -ве́тую, -ве́туешь; посове́товать (+dative) advise
сознава́ть, -наю́, -наёшь; созна́ть realize, be conscious of
сознава́ться; созна́ться confess, acknowledge
сокраща́ть; сократи́ть, -ащу́, -ати́шь shorten
уси́ливать; уси́лить, -лю, -лишь intensify, strengthen
уси́ливаться; уси́литься become strongly intensified
утеша́ть; уте́шить, -шу, -шишь comfort, console

«МЕТЕЛЬ» (ОКОНЧАНИЕ)

Друга́я печа́ль её посети́ла: Гаври́ла Гаври́лович сконча́лся, оста́вя её насле́дницей всего́ име́ния.

Мете́ль

Но насле́дство не утеша́ло её; она́ разделя́ла и́скренно го́ресть бе́дной Праско́вьи Петро́вны, кляла́сь никогда́ с не́ю не расстава́ться; о́бе они́ оста́вили Ненара́дово, ме́сто печа́льных воспомина́ний, и и пое́хали жить в ***ское поме́стье.

Женихи́ кружи́лись и тут о́коло ми́лой и бога́той неве́сты; но она́ никому́ не подава́ла и мале́йшей наде́жды. Мать иногда́ угова́ривала[1] её вы́брать себе́ дру́га; Ма́рья Гаври́ловна кача́ла голово́й и заду́мывалась. Влади́мир уже́ не существова́л; он у́мер в Москве́, накану́не вступле́ния францу́зов. Па́мять его́ каза́лась свяще́нною для Ма́ши; по кра́йней ме́ре она́ берегла́ всё, что могло́ его́ напо́мнить: кни́ги, им не́когда про́читанные, его́ рису́нки, но́ты и стихи́, им перепи́санные для неё.

Ме́жду тем война́ со сла́вою была́ ко́нчена. Полки́ на́ши возвраща́лись из-за грани́цы. Наро́д бежа́л им навстре́чу. Му́зыка[2] игра́ла. Вре́мя незабве́нное! Вре́мя сла́вы и восто́рга! Как си́льно би́лось[3] ру́сское се́рдце при сло́ве Оте́чество! Как сла́дки бы́ли слёзы свида́ния!

Же́нщины, ру́сские же́нщины бы́ли тогда́ бесподо́бны. Обыкнове́нная хо́лодность их исче́зла. Восто́рг их был и́стинно упои́телен, когда́, встреча́я победи́телей, крича́ли они́: *ура!*

Мы уже́ ска́зывали, что, несмотря́ на её хо́лодность, Ма́рья Гаври́ловна всё попре́жнему окружена́ была́ иска́телями. Но все должны́ бы́ли отступи́ть, когда́ яви́лся ра́неный гуса́рский полко́вник Бурми́н, с Гео́ргием[4] в пе́тлице и с *интере́сной бле́дностью*,

---

[1] **угова́ривала**: (here) tried to persuade.
[2] **му́зыка**: (here) band.
[3] **би́ться**: (here) beat.
[4] **Гео́ргий**: Cross of St. George (awarded for bravery).

как говорили тамошние барышни. Ему было около двадцати шести лет. Он приехал в отпуск в свои поместья, находившиеся по сосе́дству деревни Ма́рьи Гаври́ловны. Ма́рья Гаври́ловна очень его отличала. При нём обыкновенная заду́мчвость её оживлялась.

Бурми́н был, в самом деле, очень милый молодой человек. Он имел именно тот ум, который нравится женщинам: ум приличия и наблюдения, безо всяких притязаний и беспечно насмешливый. Поведение его с Ма́рьей Гаври́ловной было про́сто и свободно; но что б она ни сказала или ни сделала, душа и взоры его так за не́ю и следовали. Он казался нрава тихого и скромного, но молва уверяла, что некогда был он ужасным повесою, и это не вредило ему во мнении Ма́рьи Гаври́ловны, которая (как и все молодые дамы вообще) с удовольствием извиняла шалости, обнаруживающие смелость и пылкость характера.

Но более всего... (более его нежности, более приятного разговора, более интересной бледности, более перевязанной руки) молчание молодого гусара более всего подстрекало её любопытство и воображение. Она не могла не сознаваться в том, что она очень ему нравилась; вероятно и он, с своим умом и опытностью, мог уже заметить, что она отличала его: каким же образом до сих пор не видала она его у своих ног и ещё не слыхала его признания? Что удерживало его? ро́бость? гордость или кокетство хитрого волокиты? Это было для неё загадкою. Подумав хорошенько, она решила, что ро́бость была единственно тому причиною, и положила[5] ободрить его большею внимательностью и, смотря по обстоя-

[5] **положи́ть**: decide (obsolete meaning).

Мете́ль

тельствам, даже нежностью. Она приуготовля́ла[6] развязку самую неожиданную[7] и с нетерпением ожидала минуты романического объяснения. Тайна, какого ро́ду ни была бы, всегда тягостна женскому сердцу. Её военные действия имели желаемый успех: по крайней мере, Бурми́н впал в такую заду́мчивость, и чёрные глаза его с таким огнём останавливались на Ма́рье Гаври́ловне, что решительная минута, казалось, уже близка. Сосе́ды[8] говорили о свадьбе, как о деле уже ко́нченном, а добрая Праско́вья Петро́вна радовалась, что дочь её наконец нашла себе достойного жениха.

Старушка сидела однажды одна в гостиной, как Бурми́н вошёл в комнату и тотчас осведомился о Ма́рье Гаври́ловне. «Она в саду, — отвечала старушка; — поди́те[9] к ней, а я вас буду здесь ожидать». Бурми́н пошёл, а старушка перекрестилась и подумала: авось дело сегодня же ко́нчится!

Бурми́н нашёл Ма́рью Гаври́ловну у пруда́, под ивою, с книгою в руках и в белом платье, настоящей героинею романа. После первых вопросов, Ма́рья Гаври́ловна нарочно перестала поддерживать разговор, усиливая таким образом взаи́мное замешательство, от которого можно было избавиться разве только внезапным и решительным объяснением. Так и случилось: Бурми́н, чувствуя затрудни́тельность своего положения, объявил, что искал давно случая открыть ей своё сердце, и потребовал

---

[6] **приуготовляла** = подготовляла.

[7] **неожиданный**: sudden.

[8] **соседы.** Although сосед has the so-called hard declension in the singular, its standard declension in the plural is now "soft": соседи, соседей, соседям, etc.

[9] **подите** = пойдите.

минуты внимания. Ма́рья Гаври́ловна закрыла книгу и потупила глаза в знак согласия.

«Я вас люблю, — сказал Бурми́н, — я вас люблю страстно...» (Ма́рья Гаври́ловна покраснела и наклонила голову ещё ниже). «Я поступил неосторожно, предаваясь милой привычке, привычке видеть и слышать вас ежедневно. Теперь уже поздно противиться судьбе моей; воспоминание об вас, ваш милый, несравненный образ[10] отныне будет мучением и отрадою жизни моей; но мне ещё остаётся исполнить тяжёлую обязанность, открыть вам ужасную тайну и положить между нами непреодолимую преграду...» — «Она всегда существовала, — прервала с живостью Ма́рья Гаври́ловна, — я никогда не могла быть вашею женою...» — «Знаю, — отвечал он ей тихо, — знаю, что некогда вы любили, но смерть и три года се́тований... Добрая, милая Ма́рья Гаври́ловна! не старайтесь лишить меня последнего утешения: мысль, что вы бы согласились сделать моё счастье, если бы... молчите, ради бога, молчите. Вы терзаете меня. Да, я знаю, я чувствую, что вы были бы моею, — но — я несчастнейшее создание... я женат!»

Ма́рья Гаври́ловна взглянула на него с удивлением.

«Я женат, — продолжал Бурми́н; — я женат уже четвёртый год и не знаю, кто моя жена, и где она, и должен ли свидеться с нею когда́-нибудь!»

«Что вы говорите? — воскликнула Ма́рья Гаври́ловна; как это странно! Продолжайте; я расскажу после... но продолжайте, сделайте милость».

«В начале 1812 года, — сказал Бурми́н, — я спешил в Ви́льну, где находился наш полк. При-

---

[10] **образ**: image.

Метéль

ехав однажды на станцию поздно вечером, я велел было поскорее закладывать лошадей, как вдруг поднялась ужасная метель, и смотритель[11] и ямщики́ советовали мне переждать. Я их послушался, но непонятное беспокойство овладело мно́ю; казалось, кто́-то меня так и[12] толкал. Между тéм метель не унималась; я не вытерпел, приказал опять закладывать и поехал в самую бурю.[13] Ямщику́ вздумалось ехать реко́ю, что должно́ было сократить нам путь тремя вёрстами. Берега были занесены́; ямщик проехал мимо того места, где выезжали на дорогу, и таким образом очутились мы в незнако́мой стороне. Буря не утихала; я увидел огонёк и велел ехать туда. Мы приехали в деревню; в деревянной церкви был огонь. Церковь была отво́рена, за оградой стояло несколько сане́й; по паперти ходили люди. «Сюда! сюда!» закричало несколько голосов. Я велел ямщику́ подъехать. «Помилуй,[14] где ты замешкался? — сказал мне кто́-то; — невеста в обмороке; поп не знает, что делать; мы готовы были ехать назад. Выходи же скорее». Я молча выпрыгнул из саней и вошёл в церковь, слабо освещённую двумя или тремя свечами. Девушка сидела на лавочке в тёмном углу церкви; другая тёрла ей виски́. «Слава богу, — сказала эта, — насилу вы приехали. Чуть было бы барышню не уморили». Старый священник подошёл ко мне с вопросом:

---

[11] **смотритель:** the stationmaster.
[12] **так и:** simply. In this meaning implies an energetic action.
[13] **буря:** windstorm (often accompanied by rain or snow). Гроза = thunder and lightning storm. Вьюга and метель = snowstorm.
[14] **поми́луй:** for goodness sake!

«Прикажете начинать?» — «Начинайте, начинайте, батюшка», отвечал я рассеянно. Девушку подняли. Она показалась мне недурна́[15]... Непонятная, непростительная ветреность... я стал подле неё перед налоем; священник торопился; трое мужчин и горничная поддерживали невесту и заняты были только е́ю. Нас обвенчали. «Поцелуйтесь», сказали нам. Жена моя обратила ко мне бледное своё лицо. Я хотел было её поцеловать... Она вскрикнула: «Ах, не он! не он!» и упа́ла без памяти. Свидетели устремили на меня испуганные глаза. Я повернулся, вышел из церкви безо всякого препятствия, бросился в кибитку и закричал: «пошёл!»[16]

«Бо́же мой! — закричала Ма́рья Гаври́ловна; — и вы не знаете, что сделалось с бедною вашею женою?»

«Не знаю, — отвечал Бурми́н, — не знаю, как зову́т деревню, где я венчался; не помню, с которой станции поехал. В то время я так мало полагал важности в преступной моей прока́зе,[17] что, отъехав от церкви, заснул и проснулся на другой день поутру, на третьей станции. Слуга, бывший тогда со мно́ю, умер в походе, так что я не имею и надежды отыска́ть ту, над которой подшутил я так жестоко, и которая теперь так жестоко отомщена́».

«Бо́же мой, бо́же мой! — сказала Ма́рья Гаври́ловна, схватив его руку; — так это были вы! И вы не узна́ете меня?»

Бурми́н побледнел... и бросился к её ногам...

---

[15] **недурно́й**: not bad-looking, rather attractive.
[16] **пошёл!**: be off!
[17] **прока́за**: prank.

Метéль

Отвéтьте по-рýсски:

1. Почему Бурмин должен был нравиться женщинам?
2. Почему Мáрья Гавриловна хотела узнать его тайну?
3. Когда они были наедине у прудá почему Мáрья Гавриловна нарочно перестала поддерживать разговор?
4. Как нáчал Бурмин объяснение?
5. По-вашему Бурмин очень старался найти жену?
6. Когда вы читали эту повесть, события казались вероятными?

Translation into Russian

1. After her father and Vladimir died, nothing could console Masha.
2. However, when Burmin appeared, she revived.
3. She hoped that he would free himself from the difficulty of his situation with a sudden and decisive explanation.
4. It is too late to resist my fate and to part with you as if nothing had happened.
5. Although I obeyed them, an incomprehensible restlessness seized me, and this feeling became more and more intensified.
6. When Burmin finally revealed his secret, he also learned that the woman he had so often visited had an interesting secret.

Hints on Stress

(Adverbs)

Adverbs formed from the neuter singular of the short form of the adjective almost always preserve the same stress: бы́стро, тяжело́.

Adverbs with the prefix до- and which end in -a favor the stress on the prefix, though some have an alternative stress: до́красна́: to redness; до́пьяна́: to complete drunkenness; до́суха: to complete dryness; до́сы́та: to complete satiation, content; до́чиста: to complete cleanliness. But note догола́: to nakedness.

Adverbs with prefix с- and which end in -a are rather evenly divided between those with final or nonfinal stress:

(1) свысока́: condescendingly, haughtily; сгоряча́: rashly; слегка́: slightly, somewhat; сперва́: first of all; спроста́: without reflection.

(2) сле́ва: from the left; сно́ва: anew, again; спра́ва: from the right; спья́на: being drunk.

Adverbs with prefix из- and which end in -a usually stress the prefix: и́здавна: long since; и́зредка: sometimes, from time to time; и́скоса: askance; и́зжелта: tinged with yellow; и́ссиня: bluish.

Adverbs with prefix на- and ending in -o are rather evenly divided between those with and without stressed prefix:

(1) на́крепко: strongly, firmly, strictly; на́скоро: hastily; на́строго: very strictly; на́чисто: very cleanly, completely.

(2) нале́во: to the left; напра́во: to the right; наве́чно: for all time, for good; намно́го: by far; надо́лго: for a long time.

Adverbs with prefix за- and ending in -o usually stress the prefix: за́живо: alive; за́мертво: without signs of life; за́просто: without ceremony; за́светло: before dusk. But note задо́лго: long before; заодно́: in agreement.

Adverbs with prefix по- and ending in -y stress the prefix in some cases:

(1) (stressed prefix) по́просту: simply, without ceremony; по́пусту: in vain, aimlessly; по́ровну: into equal parts, equally.

(2) подо́лгу: for a long time; понапра́сну: in vain; поско́льку: so far as, since; посто́льку: to that degree.

Метéль

Adverbs with prefixes на- and в- and ending in -e usually have final stress.

With на-: наединé: tête-à-tête; налегкé: without baggage, dressed lightly; наравнé: on the same level (literally or figuratively).   But note наготóве: in a state of readiness.

With в-: вдалекé: in the distance, far off; вдвойнé: double, doubly; вполнé: completely; втройнé: three times as much; вчернé: roughly, in preliminary fashion.   But note вначáле: at first; впрáве: in the right; вскóре: soon.

Adverbs with a prepositional prefix and the feminine accusative singular of an adjective have the same stress as the given adjective: впустýю: in vain, to no avail; врукопáшную: hand-to-hand, at grips; вручнýю: by hand; вслепýю: blindly, at random; втёмную: blindly, at random; напропалýю: recklessly.   But note вплотнýю: next to, in real earnest; зачастýю: often.

When an adverb is formed with по- and the dative of an adjectival form, the stress is usually that of the adjectival form: попрéжнему: as before; повúдимому: apparently;повáшему: according to you.   But note по-мóему, по-твóему, по-свóему.

Adverbs formed by the joining of prepositional prefix and noun almost always have the same stress as the original noun (although, as noted already in an earlier reading, some adverbs of this type stress the prefix).   Examples: внизý: below; квéрху: upwards; кнúзу: downwards; кстáти: at the right moment, at the same time, to the point; налицó: present, at hand; наоборóт: the wrong way, on the contrary; насúлу: with difficulty; поневóле: inevitably despite one's will or desire; сначáла: first of all, at first, anew; срáзу: at once.

When the neuter short form of the adjective has two possible stresses, the derived adverb usually prefers the following stress: высокó, глубокó, далекó, мáло, мёртво, пóлно, умнó, широкó.

Word Index

Included are the following:

(1) all verbs listed in the "Verbs to Learn" (VL) sections (2VL = Reading Two, Verbs to Learn section, etc.);

(2) almost all of the key words in the "Reading Notes" (3–4 = Reading Three, note 4, etc.);

(3) individual exceptions or isolated words not falling under general rules in the "Hints on Stress" (HS) sections (5HS = Reading Five, Hints on Stress section, etc.);

A dash between two completely spelled out nominal forms separates the singular from the plural.

а не то, 16–27
а то, 14–17
-ав-, 15HS
адвокату́ра, 9–23
а́дрес – адреса́, 7HS
-аж, 8HS
-айш-, 17HS
-ак, 8HS
аль, 17–15
-альн-, 15HS
-анец, 8HS
-анск-, 15HS
аре́ст, 18–19
аристокра́тишко, 9–5
-арн-, 15HS
арте́ль, -е́ли, 10HS
-арь, 8HS
-ат, 8HS

ба́бушкина ска́зка, 12–8
багаж, -а́, 7HS

ба́рин, 9–28
ба́тя, 16–29
бег (на бегу́), 7HS
беда́ – бе́ды, 9HS
без году неде́ля, 12HS
бело́, 16HS
бе́рег (на берегу́ – берега́), 7HS
бере́чь, -ся, 16VL
бесе́дка, 1–1
беспоко́ить, ——— -ся, 7VL
беспу́тная де́вка, 11–30
бить, 12VL
би́ться, 4–9, 24–3
бледне́ть, 19VL
блестя́ глаза́ми, 12–33
блестя́щий, 2–7, 22–3
бога́та, 16HS
бога́ч, -а́, 7HS
бо́же, 16–50
——— сохрани́, 17–8

Word Index

бой (в бою́), 7HS
бок (на боку́), 7HS, —— о ——, 12HS
боле́зненно, 7–4
боле́знь, 17–2
бо́лен, 16HS
боле́ть, боле́ю, 17VL
боле́ть, боли́т, 17VL
болта́ть, 17VL
боль, бо́ли, 10HS
большинство́, -á, 11HS
борода́... бо́роду – бо́роды, боро́д, борода́м, 9HS
боро́ться, борю́сь, бо́решься, 5HS
борт (на борту́), 7HS, —— о ——, 12HS
боя́ться, бою́сь, бои́шься; бо́йся, 2HS, —— чтобы не, 23–26, —— как бы не, 5–23
брани́ть, 17VL
брать, брал, -лá, -áло; брáться, брáлся, -лáсь, -лóсь, 3HS
брать/взять зá сердце, 12–12
бред (в бреду́), 7HS
бре́дить, 20VL
бредово́й, 15HS
бровь – брове́й, 10HS
броса́ть, —— -ся, 10VL
брюшно́й, 15HS
буди́ть, бужу́, бу́дишь, 4HS
будя́щий, 20HS
бума́жка, 21–10
буржуази́я, 9HS
бу́ря, 24–13
бу́синка, 14–22
бушева́ть, 13–20
бы, 6–18
было, 3–7

быть, был, былá, бы́ло; нé был, 3HS

в переде́лку попадёт, 19–30
в чём де́ло, 19–24
валово́й, 15HS
вари́ть, варю́, ва́ришь, 4HS
ва́тник, 13–26
вбок, 13–21
вверну́л, 11–33
выводи́ло, 21–15
вдалеке́, 24HS
вдвойне́, 24HS
вдого́нку, 15–23
ведро́ – вёдра, 11HS
век (на веку́) – века́, 7HS
веле́ть, 21VL
вели́кий, вели́к, -икá, -икó, 16HS
ве́рить, 12VL
верну́ть, —— -ся, 7VL
верте́ть, верчу́, ве́ртишь, 5HS
весёлый, ве́сел, веселá, ве́село, 16HS
весло́ – вёсла, 11HS
весна́ – вёсны, 9HS
весь, 9–4
ветчина́, -ы́, 9HS
ве́чер – вечера́, 7HS
вечери́нка, 6–31
ве́чна, 16HS
вещь – веще́й, 10HS
взви́знуть, 14–60
взволно́ванный, 3–10
взгляну́в, 4–16
вздор, 21–21
вздыха́ть, 16VL
взрывно́й, 15HS
взять, взял, -лá, -я́ло, 3HS; взя́тый, взят, -тá, -я́то, 23HS;—— впра́во, 23–19;—— своё, 20–16

взя́ться, взя́лся, -ла́сь, -ло́сь, 3HS; взя́вшись, 21–23
вид (в виду́, на виду́), 3–4, 6–20, 7HS
вида́ться, 19–26
ви́деть, ви́жу, ви́дишь, 5HS
ви́деться ему́, 21–14
ви́дны́, 16HS
вина́ – ви́ны, 9HS
вино́ – ви́на, 11HS
вноеть, 15VL
вить, вил, вила́, ви́ло, 3HS
ви́ться, ви́лся, -ла́сь, -ло́сь, 3HS
вицмунди́р, 21–1
владе́ть, 14VL
вла́стный, 14–36
власть – власте́й, 10HS
влить, влил, -ла́, вли́ло, 3HS
вли́ться, вли́лся, -ла́сь, -ло́сь, 3HS
вме́шиваться, 22VL
внача́ле, 24HS
внизу́, 24HS
во весь го́лос, 11–23
во́время, 12HS
вода́... во́ду – во́ды, 9HS
води́ть, вожу́, во́дишь, 4HS; водя́щий, 20HS
возбужда́ть, 22VL
возвраща́ть, —— -ся, 7VL
воздева́ть, 15–13
воздыха́ние, 16–54
вози́ть, вожу́, во́зишь, 4HS
возмужа́ть, 14–16
вознагражда́ть, 21VL
возража́ть, 19VL
война́ – во́йны, 9HS
во́лишка = во́люшка, 19–23
волна́ – во́лны, волн, волна́м, 9HS

волнова́ть, —— -ся, 3VL
во́ля ва́ша, 17–29
во́ю, во́ешь, выть, 12–20
вопие́т, 11–27
восклица́ть, 11VL
воспита́тель, 8–2
воспи́тывать, 23VL
восхища́ться, 22VL
вот, 5–18, 6–25; —— в чём де́ло, 19–23; —— и всё, 7–7; —— поди́те же, 5–18
вот-во́т, 10–37
во́тчим = о́тчим, 12–3
воцари́лась мёртвая тишина́, 11–14
вперёд, 7–27
впи́лся... поцелу́ем, 11–2
вплотну́ю, 24HS
вполне́, 24HS
впра́ве, 24HS
впро́чем, 10–10
впусту́ю, 24 HS
враг, -а́, 7HS
вражда́, -ы́, 9HS
врать, врал, врала́, вра́ло, 3HS, 12VL
врач, -а́, 7HS
вред, -а́, 7HS
вреди́ть, 24VL
вре́мя – времена́, 12HS
вро́де, 6–41
врукопа́шную, 24HS
вручну́ю, 24HS
всё, 4–3
все до одного́, 20–2
всего́, 15–30, 15–33; —— бо́лее, 16–6
вско́ре, 24HS
вслепу́ю, 24HS
всплакну́ть, 8–18
вспомина́ть, 6VL

Word Index

вступа́ть; вступи́ть, -уплю́, -у́пишь, 20VL
вся́кий, 6–24
втёмную, 24HS
втройне́, 24HS
вчерне́, 24HS
вы-, 15HS
выводи́ть, 16VL
вы́двинулся вперёд, 11–24
вызыва́ть, 21VL
вынима́ть, 5VL
вы́писки, 18–11
выража́ть, 4VL
вы́сиженный, 23HS
высоко́, 16HS
вытира́ть, 14VL
выть, 12–20
выходи́ть, 6VL; —— из себя́, 19–6
выходя́щий, 18–29
вы́шитый, 8–5
вью́га, 24–13

гаси́ть, гашу́, га́сишь, 4HS
гварде́йский ю́нкер, 19–12
где, 11–17; —— уж, 17–38
георгиевский кавале́р, 14–45
Гео́ргий, 24–4
глаз – глаза́, 7HS, 15–26; в глаза́х, 17–19; в глаза́х-то, 17–20; глаза́ пя́лить, 17–43
глазно́й, 15HS
глубоко́, 16HS; —— поря́дочный, 5–19
гляде́ть, 8VL
глядя́, 18HS
гнать, гоню́, го́нишь, 2HS; гнал, гнала́, гна́ло, 3HS
гна́ться, гна́лся, -ла́сь, гна́ лось, 3HS

гнить, гнил, гнила́, гни́ло, 3HS
год (в году́) – года́, 7HS; год о́т году, 12HS
годи́ться, 9VL
го́дны, 16HS
голова́... го́лову – го́ловы, голо́в, голова́м, 9HS
головно́й, 15HS
го́лоден, -дна́, голодно, 16HS
го́лос – голоса́, 7HS, 11–23
голосово́й, 15HS
голу́бушка, 16–4
голу́бчик, 11–31
гоня́щий, 20HS
гора́... го́ру – го́ры, гор, гора́м, 9HS
го́род – города́, 7HS
городово́й, 15HS
горожа́нка, 20–10
госпо́д, 23–23
го́споди, 15–15
госпожа́, -и́, 9HS
гото́ва, 16HS
гремя́... кало́шами, 8–11
грех, -а́, 7HS, 18–10
гроза́, 24–13
грози́ть, 17VL
гру́бость, 8–10
грудно́й, 15HS
грудь (на груди́) – груде́й, 10HS
грязь, в грязи́, 10HS
губа́ – гу́бы, губ, губа́м, 9HS
губи́ть, 20VL
губно́й, 15HS
гуля́ние, 21–30

да, 5–21, 17–13, 20–33, 21–19
да́веча, 10–21
да́вешний, 11–19

давить, давлю, давишь, 4HS
давно, 8–1
дай/дайте, 21–18
далёко/далеко, 16HS
дарить, 19VL
даром, 9–14
дать, дал, дала, дало; не дал, 3HS
даться, дался, -лась, -лось, 3HS
дверь (в двери – дверей, 10HS, 10–33
двигать, —— -ся, 1VL
дворец, дворца, 7HS
-де, 6–39
девчонка, 23–22
девка, 11–30, 17–33
девушка, 23–8
дед, 14–3
действовать, 7VL
декабрь, -ря, 7HS
делать вид, 3–4
делить, делю, делишь, 4HS
дело – дела, 8–8, 9–24, 11HS, 18–14, 19–24
деловой, 15HS
делывать, 18–8
дельце, 21–2
денно и нощно, 17–24
день за день, 12HS
дёргали, 10–38
держать, держу, держишь, 2HS
дёшево, 16HS
директор – директора, 7HS
длина, -ы, 9HS
Днепр, -а, 7HS
Днестр, -а, 7HS
до смерти, 12HS
до того, 18–6
добавлять, 16VL

добиваться, 22VL
добираться, 10VL
добро, -а, 11HS
добро, добры, 16HS
добыть, добыл, -ла, добыло, 3HS
доверху, 12HS
довольно, 17–32, 22–5
догадываться, 9VL
догнать, догнал, -ла, -ало, 3HS
догола, 24HS
догонять, догнать, 14VL
дождь, -дя, 7HS
дожить, дожил, -ла, дожило, 3HS; дожитый, дожит, -та, дожито, 23HS
доказывать, доказать, докажу, докажешь, 1HS, 9VL
докатился донизу, 8–12
докрасна, 24HS
доктор – доктора, 7HS
доктринёрство, 9–18
долг (в долгу) – долги, 7HS
долго ли, 17–12
должно, 14–27; —— быть, 7–16
должное, 1–7
должность – должностей, 10HS
доложить, -ожу, -ожишь, 4HS
дом – дома, 7HS
домовничать, 12–2
донизу, 12HS, 8–12
донской, 15HS
доплетёшься, 15–20
допьяна, 24HS
дорог, дорога, дорого, 16HS
доска… доску – доски, досок, доскам, 9HS
доставать, 14VL

Word Index

достига́ть, дости́чь, -ти́г, -и́гла, 8VL, 3HS
досто́йно, 3–3
до́суха, 24HS
до́сыта́, 24HS
дотяну́ть, 18–23
до́чиста, 24HS
дочь – дочере́й, 10HS
дразни́ть, -ню́, дра́знишь, 4HS; дразня́щий, 20HS
драматурги́я, 9HS
драть, драл, -ла́, дра́ло, 3HS
дра́ться, дра́лся, -ла́сь, дра́лось, 3HS
дре́вко, 10–17
дрема́ть, -млю́, дре́млешь, 1HS
друг – друзья́, 7HS
дрянь, 12–26, 12–30
дурачки́, 15–4
душа́... ду́шу – ду́ши, 9HS, 18–3
душе́вный, 22–15
ду́шечка, 16–18
души́ть, душу́, ду́шишь, 4HS, 13VL
дуэ́ль, -э́ли, 10HS
дыбы́, 13–23
дыша́ть, дышу́, ды́шишь, 3VL, 2HS

-е, 17HS
-ев-, 15HS
его́ к ле́шему, 16–45
еда́, -ы́, 9HS
едва́ ли, 9–26; —— —— не, 5–26
еди́н, 16–46
-ее, 17HS
ей, ей-е́й, ей-бо́гу, 16–43
-ей, 17HS
-ейш-, 17HS

-ёк-, 16HS
е́ле, 13–19
-ение, 11HS
-енка, 9HS
-енко, 6–3
-енн-, 15HS
-енск-, 15HS
-ёр, 8HS
е́ресь, е́реси, 10HS
есть, 7–2
-ец, 8HS
ещё, 17–37; —— бы, 14–38

ж, 7–28
жа́ловаться, 15VL
жа́лость, 21–11
жа́лко, 7–25
жар, 20–14
жара́, -ы́, 9HS
ждать, ждал, -ла́, жда́ло, 3HS
же, 2–3, 6–17
жела́нный, 23HS
жела́ть, 8VL
жена́ – жёны, 9HS
жени́ть, женю́, же́нишь; —— -ся, 4HS, 6VL
жени́х, -а́, 7HS, 19–16
же́ртва, 19–19
же́ртвовать, 22VL
жизнь, жи́зни, 10HS
жить, жил, жила́, жи́ло; не́ жил, 3HS
жрать, жрал, -ла́, жра́ло, 3HS

за-, 1–9
за, 5–25, 9–1
за́ борт, 12HS
за́ город, 7–22, 12HS
за́ городом, 12HS
за де́ло, 18–14
за́ море, 12HS

Word Index

зá морем, 12HS
зá нос, 12HS
зá пять, 12HS
зá сердце, 12HS, 12–12
забóтиться, 16VL
забýдьте, 2–11
заговори́ть, 1–9
задáть, зáдал, -лá, зáдало, 3HS; зáданный, зáдан, -анá, зáдано, 23HS
задáться, -áлся, -лáсь, -лóсь, 3HS
задóлго, 24HS
задýмчивость, 10–7
заéсть, 17–9
зажéчь, 14VL
зáживо, 24HS
зажигáть, 14VL
закáзывать; заказáть, -кажý -кáжешь, 1HS, 17VL
закáшляться, 12–29
заклáдывать, 23–13
заключáть, 19VL
закровени́лось, 10–16
заложи́ть, 23–13
зальётся, 6–9
заменя́ть; замени́ть, -ню́, -éнишь, 4HS, 22VL
замерéть, зáмер, -рлá, зáмерло, 3HS
зáмертво, 4–2, 24HS
замечáть, 1VL
замóк, замкá, 7HS
заморённый, 7–26
зáмша, 5–6
занёсшуюся, 21–34
заня́ть, зáнял, -лá, зáняло, 3HS; зáнятый, зáнят, -тá, зáнято, 23HS
заня́ться, занялся́, -лáсь, -лóсь, 3HS

заоднó, 24HS
заперéть, зáпер, -рлá, зáперло, 3HS, 16VL; зáпертый, зáперт, -тá, зáперто, 23HS
заперéться, заперся́, -рлáсь, -рлóсь, 3HS
запирáть, 16VL
зáповедь, зáповеди, 10HS
запрещáть, 5VL
зáпросто, 24HS
зарабóтать, 6–32
заруби́ть, 17–41
зáсветло, 24HS
заси́женный, 23HS
заслýживать, 22VL
зáспанный, 7–33
заставля́ть, 15VL
засыпáть, 11VL
затя́гиваясь ды́мом, 21–33
затянýться, 14–32
захвати́ло гóрло, 15–3
зачастýю, 24HS
защищáть, 2VL
звать, звал, -лá, звáло, 3HS; звáнный, зван, званá, звáно, 23HS
звáться, звáлся, -лáсь, звáлось, 3HS
звенó – звéнья, 11HS
здорóв, здорóва, 16HS; здоровéе, 17HS
здорóваться, IVL
зелёный, 7–23; зéлено, 16HS
земля́... зéмлю – зéмли, 9HS
зени́ца óка, 14–43
зéркало – зеркалá, 11HS
зернó – зёрна, 11HS
зимá... зи́му – зи́мы, 9HS
знáете ли, 7–5
знáмя – знамёна, 12HS
знáчить, 3VL

Word Index

зонт, 7 – 13
зуб зá зуб, 12HS
зуб нá зуб, 12HS
зубнóй, 15HS

и, 5–7
и без того, 11–6
и так, 11–12
и то сказáть, 6–40
-ианск-, 15HS
-ив-, 15HS
-ивн-, 15HS
игрá – и́гры, 9HS
идéйка, 19-9
и́дол его знáет, 16–44
-ие, 11HS
и́з дому, 12HS
из ря́да выходя́щий, 18–29
из себя́, 17–22
из чего, 22–12
избавля́ть, —— -ся, 24VL
избрáть, избрáл, -лá, -áло, 3HS; и́збранный, 23HS
извещáть, 16VL
извиня́ть, 15VL
и́здавна, 24HS
и́здали, 12HS
издáть, издáл, -лá, -áло, 3HS; и́зданный, и́здан, -анá, и́здано, 23HS
издóхнуть, 12–39
и́зжелта, 24HS
изменя́ть, —— -ся, 18VL
изо всей си́лы, 10–36
изображáть, 12VL
и́зредка, 24HS
-ий, 14–58
-ийск-, 15HS
-ик, 8HS
им и кни́ги в рýки, 16–19
и́менно, 9–8

и́мя – именá, 12HS
-ин, 14–62
-ина, 9HS
интерéсный, 6–44
интересовáться, 3–8
и́скоса, 24HS
и́ссиня, 24HS
-истск-, 15HS
искáть, ищý, и́щешь, 1HS
испаря́ется, 22–13
исполня́ть, 9VL
испы́тывать, 8VL
исстрадáться, 18–22
исступлéние, 11–26
истóрия, 21–8
истрáтить, 21–29
исчезáть, 23VL
-ит-, 8HS, 15HS
-ица, 9HS
-ическ-, 15HS
-ичн-, 15HS

к, 1–3
-к-, 16HS
к тому же, 6–43
к чему, 6–28
-ка, 9HS
как, 5–17
как бог нá душу полóжит, 12HS
как бы, 5–17, 5–23
как и чтó, 19–14
как на грех, 18–10
как нельзя́ бóлее, 18–18
как об стену горóх, 12HS
как рáз, 7–21
как скóро, 18–21
какóй, 16–25
какóй-то, 8–6
кáк-то, 6–21
календáрь, -ря́, 7HS

калиновый подожо́к, 20–4
канцеля́рский, 21–7
капо́т, 23–11
каса́ться, 15VL, 15–8
кати́ть, качу́, ка́тишь, 4HS
кати́ться гра́дом, 23–16
ка́яться, 16VL
кве́рху, 24HS
кирпи́ч, -а́, 7HS
кла́няться, 3VL
клевета́, -ы́, 9HS
ключ, -а́, 7HS
кля́сть, клял, -ла́, кля́ло, 3HS; кля́сться, кля́лся, -ла́сь. лёсь, 3HS, 23VL
кни́га, 16–19
кни́зу, 24HS
-ко, 6–3
когда́, 17–3
ко́его, 16–34
ко́е-како́й, 21–28
коза́ – ко́зы, 9HS
козырну́ть, 14–47
колеба́ться, 20VL
коле́ни, 11–4, 12–23
колле́жский секрета́рь, 18–1
коло́ть, колю́, ко́лешь, 5HS
колпа́к, 12–10
кольцо́ – ко́льца, 11HS
команди́рша, 20–12
коне́ц, конца́, 7HS
кора́бль, -ля́, 7HS
корми́ть, -млю́, ко́рмишь, 4HS, 12VL
коро́ль, -ля́, 7HS
коро́че, 20–27
коси́ть (to mow), кошу́, ко́сишь, 4HS
коси́ть (to squint), кошу́, ко́сишь, 4HS
кость (в кости́) -косте́й, 10HS

костяно́й, 12–34
котёл, котла́, 7HS
край (на краю́) – края́, 7HS
красне́ть, 24VL
красть, 11VL
Кремль, -ля́, 7HS
кремнёвый, 14–11
кре́пость – крепосте́й, 10HS
крест, -а́, 7HS
крова́ть, -а́ти, 10HS
кровь (в крови́) – крове́й, 10HS
круг (в кругу́), 7HS
кружо́к, 5–14
кру́пны́, 16HS
кста́ти, 24HS
кто, 17–11
куба́нка, 13–25
куда́-то, 4–10
купи́ть, -плю́, ку́пишь, 4HS
кури́ть, -рю́, ку́ришь, 4HS, 14VL; куря́щий, 20HS

ла́вка, 10–11
ладо́нь, -о́ни, 10HS
ла́рчик про́сто открыва́лся, 19–29
лгать, лгал, -ла́, лга́ло, 3HS, 17VL
легко́, легки́/лёгки, 16HS
лёжа, 18HS
лезть, 18–5
лес (в лесу́) – леса́, 7HS
лесно́й, 15HS
лета́, 11HS
ле́то, 11HS
лечи́ть, лечу́, ле́чишь, 4HS, 20VL
лечь, ля́гу, ля́жешь, 6HS, 8VL
ле́ший, 16–45

Word Index

ли, 7–5, 7–15, 10–30, 17–4, 17–25
липли, 10–13
лить, лил, лила́, ли́ло, 3HS, 16VL
ли́ться, ли́лся, лила́сь, лило́сь, 3HS
лицо́ – ли́ца, 11HS
лиша́ть, 19VL
лови́ть, ловлю́, ло́вишь, 4HS
-лог, 8HS
ложи́ться, 8VL
лома́ть, 8VL
ло́шадь – лошаде́й, 10HS
луна́ – лу́ны, 9HS
-льн-, 15HS
любе́зный, 23–5
люби́ть, -блю́, лю́бишь, 4HS
лю́бишь ката́ться, 15–10
любова́ться, 14VL
любо́вница, 11–8
любо́вь к, 3–5
-ляв, 15HS

ма́ло, 16HS
малоросси́йский, 6–7
мальчи́шество, 19–15
ма́мочка, 6–14
манки́ровать, 8–4
маня́щий, 20HS
мармела́д, 6–6
ма́стер – мастера́, 7HS
ма́тушка, 17–17
мать – матере́й, 10HS
маха́ть, 20VL
ма́чеха, 20–11
мека́ть, 20–23
ме́лкий, 22–9
ме́лочь – мелоче́й, 10HS
мелька́ть, 18VL
меня́ть, 17VL
ме́рзости, 12–37

мёртво/мертво́, 16HS
ме́сто – места́, 11HS
мета́ть, мечу́, ме́чешь, 1HS
мете́ль, 24–13
мечта́, -ы́, 9HS
меша́ть, 2VL
ми́лостивый, 15HS
ми́лы́, 16HS
мину́тами, 10–8
мирово́й, 15HS
мно́житель, 8HS
могу́щий, 20HS
мо́жет, 17–23
мол, 15–34
мо́лвить, 16VL
моли́ть, -лю́, мо́лишь, 4HS
моли́ться, 15VL
мо́лод, -да́, мо́лодо, 16HS
моло́ть, мелю́, ме́лешь, 5HS
мо́лча, 18HS
молча́ть, 3VL
монасты́рь, -ря́, 7HS
мо́ре – моря́, 11HS
мост (на мосту́), 7HS
моти́в, 10–26
мочь, могу́, мо́жешь, 6HS
муж – мужья́, 7HS
мужско́й, 15HS
му́зыка, 24–2
мука́, -ки́, 9HS
му́чать, —— -ся, 2VL
мысль, мы́сли, 10HS
мышья́к, -а́, 7HS
мя́киш, 13–17
мясно́й, 15HS
мяте́ж, -а́, 7HS

-н-, 15HS
на-, 21–35
на ве́ки ве́чные, 13–10
на́ два, 12HS

на́ дом, 12HS
на́ душу, 12HS
на́ ноги, 12HS
на́ руку, 12HS
на́ сердце, 12HS
на́ слово, 12HS
на́ смех, 12HS, 18–12
на́ стену, 12HS
на́ три, 12HS
на́ ухо, 12HS
на что, 16–21
наблюда́ть, —— -ся, 5VL
на́бок, 12HS
наве́рное, 12–5
на́голову, 12HS
нагото́ве, 24HS
на́двое, 12HS
наде́яться, 18VL
на́добно, 15–7
надоеда́ть, 18VL
надо́лго, 24HS
надо́рванный, 12–27, 15–28
наедине́, 24HS
нае́лся, 21–35
нажи́ть, на́жил, -ла́, на́жило, 3HS; на́житый, на́жит, -та́, на́жито, 23HS
нажи́ться, нажи́лся, -ла́сь, -ло́сь, 3HS
наза́д, 5–2
называ́ть; назва́ть, назва́л, -ла́, -а́ло, 3HS, 6VL
называ́ться; назва́ться, назва́лся, -ла́сь, -а́ло́сь, 3HS, 6VL
нака́зывать; наказа́ть, -кажу́, -ка́жешь, 3HS, 22VL
наклоня́ть, 24VL
на́крепко, 24HS
накупа́ться, 19–27
нале́во, 24HS

налегке́, 24HS
налива́ть, 16VL
налицо́, 24HS
намёт, 14–59
намно́го, 24HS
нанима́ть; наня́ть, на́нял, -ла́, на́няло; 3HS, 19VL; на́нятый, на́нят, -та́, на́нято, 23HS
наня́ться, наня́лся, -ла́сь, -ло́сь, 3HS
наоборо́т, 7–3, 24HS
написа́вшись, 21–35
напомина́ть, 6VL
направля́ть, —— -ся, 15VL
напра́во, 24HS
напропалу́ю, 24HS
напускно́й, 13–12
напу́тать, 15–9
наравне́, 24HS
нара́доваться, 20–17
насади́л... на пе́тлю, 10–32
наси́женный, 23HS
наси́лу, 24HS
на́скоро, 24HS
наслу́шаться, 17–35
на́смерть, 12HS
на́спех, 12HS
наставле́ние чита́ть, 17–21
насто́лько, 12–41
на́строго, 24HS
насу́щный, 6–23, 9–25
на́тко, 15–35
на́трое, 12HS
нату́жно, 14–13
натя́гивать, 13VL
нау́ка, 17–36
нача́ло, 18–7
нача́ть, на́чал, -ла́, на́чало, 3HS; на́чатый, на́чат, -та́, на́чато, 23HS

Word Index

начаться, начался, -лась, -лось, 3HS
начисто, 24HS
не-, 16HS
не, 7–18
не в том/э́том де́ло, 2–10
не да́льше как/чем, 19–8
не́ за что, 19–5
не по́ носу, 12HS
не прочь, 6–33
не то, 16–27
не то, что/чтобы, 16–28
не тот, 23–18
не́бо – небеса́, 11HS
небо́сь, 17–18
недоска́занное, 5–13
недурно́й, 24–15
незнако́мец, 10–35
ней, 14–28
не́кий, 6–2
не́когда, 6–37
неле́пость, 10–1
не́мец, 19–10
неми́лостивый, 20–30
ненави́деть, 7VL
ненасы́тный, 22–14
необходи́мость, 11–25
неожи́данный, 24–7
неправа́, 16HS
несво́йственный, 20–20
неслы́ханный, 13–2
нечелове́ческий, 15–27
не́што, 17–10
не́ю, 8–13
ни, 6–1
ни к селу́..., 16–8
ни на́ волос, 12HS
нигили́зм, 9–30
-ник, 8HS
никому́ нет... де́ла, 8–8
нить, ни́ти, 10HS

-ница, 9HS
ничу́ть не быва́ло, 22–10
но́вость – новосте́й, 10HS
но́вы́, 16HS
нога́... но́гу – но́ги, ног, нога́м, 9HS
нога́ за́ ногу, 12HS
нож, -а́, 7HS
ножно́й, 15HS
но́мер – номера́, 7HS
нос (на носу́), 7HS, 17–41
носи́ть, ношу́, но́сишь, 4HS
ночь (в ночи́) – ноче́й, 10HS
ноя́брь, -ря́, 7HS
ну, что (ж), 19–4
нужда́ – ну́жды, 9HS
ню́ни распусти́ть, 17–31

о́ба/о́бе, обо́их, обе́их, 13HS
обвиня́ть, —— -ся, 11VL
обдёргиваться, 18–16
обду́мывать, 12VL
оберну́лся, 11–18
оби́деть, -и́жу, -и́дишь, 5HS
обижа́ть, 17VL
о́блако – облака́, 11HS
о́бласть – областе́й, 10HS
обма́нывать; обману́ть, -ану́, -а́нешь, 6HS, 13VL
обменя́ть, -ню́, -ме́нишь, 4HS
обнадёялись, 20–18
обнару́живать, 24VL
обнима́ть, 11VL; обня́ть, -ниму́, -ни́мешь, 2HS; обня́л, -ла́, обня́ло, 3HS; о́бнятый, о́бнят, -та́, о́бнято, 23HS
обнима́ться; обня́ться, обня́лся, -ла́сь, -ло́сь, 3HS
обновлённый, 12–38
ободря́ть, —— -ся, 23VL

оборо́тная сторона́ меда́ли, 2-13
о́браз, 24-10
обраща́ть, —— -ся, 2VL
обраще́ние, 13-18
обсе́ли круго́м, 20-29
обси́женный, 23HS
обще́ственное зда́ние, 9-9
объяви́ть на себя́, 10-4
объявля́ть, 9VL
-ов-, 15HS
-ов, 14-20
овладева́ть, 24VL
овца́ – о́вцы, ове́ц, 9HS
огнево́й, 14-36
ого́нь, огня́, 7HS
огорча́ть, 13VL
ограни́чивать, —— -ся, 18VL
оди́н, 1-4, 20-2
одуре́ние, 18-17
оживля́ть, —— -ся, 24VL
ожида́ть, 10VL
озно́б, 11-20
-ок-, 16HS
ока́зывать; оказа́ть, окажу́, ока́жешь; —— -ся, 1HS, 6VL
окно́ – о́кна, 11HS
окружа́ть, 5VL
октя́брь, -ря́, 7HS
-онн-, 15HS
опаса́ться, 23VL
оперла́сь... о, 12-31
опи́лки, 16-35
опо́мниться, 14-54
опроки́дывать, —— -ся, 23VL
опуска́ть, 4VL
опя́ть-таки, 15-36
орёл, орла́, 7HS
осени́ть, 6-16
о́сень, о́сени, 10HS

оскорбля́ть, —— -ся, 20VL
осма́тривать, 10VL
осо́бый, 13-8
остава́ться, 4VL
оставля́ть, 4VL
остана́вливать, —— -ся, 3VL
о́стро́, 16HS
о́стров – острова́, 7HS
-ость, 10HS
ось – осе́й, 10HS
-ота, 9HS
отвёртываться, 3-9
отда́ть, о́тдал, -ла́, о́тдало, 3HS; о́тданный, о́тдан, -ана́, о́тдано, 23HS
отда́ться, отда́лся, -ла́сь, -ло́сь, 3HS
отдыха́ть, 21VL
оте́ц, отца́, 7HS
отказа́ть, -кажу́, -ка́жешь, 1HS
отка́шляться, 14-8
откла́дывать, 7VL
отлича́ться, 23VL
отложи́ть, -ожу́, -о́жишь, 4HS
отлуча́ться, 18-27
отмо́чишь, 16-23
отнима́ть; отня́ть, отниму́, -ни́мешь,... о́тнял, -ла́, о́тняло,... о́тнятый, о́тнят, -та́, о́тнято, 2HS, 3HS, 12VL, 23HS
относи́ться, 6VL
отноше́ние, 21-17
отня́ться, отня́лся, -ла́сь, -ло́сь, 3HS
о́тпертый, 10-22
отправля́ть, —— -ся, 20VL
о́трасль, о́трасли, 10HS
отрица́ть, 16VL
о́троду не, 12HS

Word Index

отси́женный, 23HS
отслужи́ть, 15–25
отстрани́ться, 4–15
отступа́ть, —— -ся, 19VL
отцы́-святи́тели, 14–5
отчётливо, 10–28
охва́тывать, 10VL
оча́г, -а́, 7HS
о́чень мо́жет быть, 10–3
о́чень-то, 6–34
о́чередь – очереде́й, 10HS
очути́ться, 23VL
ошиба́ться, 22VL

паде́ж, -а́, 7HS
пальто́ на ва́те, 5–5
па́мять, 14–51
панталóны, 21–22
пар – пары́, 7HS
па́ра, 20–8
пасквиля́нт, 7–34
па́спорт – паспорта́, 7HS
переби́тый, 14–33
перебороть, 13–14
перевести́, 14–59
переговори́ла, 11–5
переда́ть, пе́редал, -ла́, пе́редало, 3HS; пе́реданный, пе́редан, -ана́, пе́редано, 23HS
переда́ться, -да́лся, -ла́сь, -ло́сь, 3HS
передовы́е лю́ди, 9–20
пережива́ть; пережи́ть, пе́режил, -ла́, пе́режило, 3HS, 13VL; пе́режи́тый, пе́режи́т, -та́, пе́режито, 23HS
переки́дываться, 1–8
переме́на, 12–7, 12–11
переменя́ть; перемени́ть, -ню́, -ме́нишь, 4HS, 21VL

перепи́ска, 23–7
перепи́сывать, 21VL
перепры́гивать, 14VL
перепуга́ться, 18–24
переси́женный, 23HS
переси́ливать, 13VL
перестава́ть, 11VL
перетрево́жились, 20–13
перехвати́ть, 14–53
перифери́я, 9HS
перо́ – пе́рья, 11HS
петли́ца, 21–16
Пётр, Петра́, 7HS
петь, пою́; пой, 2HS
печа́ль, печа́ли, 10HS
печь, —— -ся, 18VL
печь (на печи́) – пече́й, 10HS
писа́ть, пишу́, пи́шешь, 1HS
письмо́ – пи́сьма, 11HS
пить, пил, пила́, пи́ло (не́ пил); 3HS; пи́тый, пит, пита́, пи́то, 23HS
пи́ться, пи́лся, -ла́сь, -ло́сь, 3HS
пла́кать, 13VL
плати́ть, плачу́, пла́тишь, 4HS 23VL
плевка́ не сто́ит, 19–13
пле́мя – племена́, 12HS
плен (в плену́), 7HS
плод, -а́, 7HS
пло́скость – плоскосте́й, 10HS
пло́щадь – площаде́й, 10HS
плыть, плыл, -ла́, плы́ло, 3HS
по-, 1–9, 7–6, 8–21
по, 1–5, 7–19
по всей вероя́тности, 7–10
по́ миру, 12HS
по сей день, 12–40
по́ сердцу, 12HS
по́ уши, 12HS, 18–28

побороть, 14–44
поваляться, 18–26
по-вашему, 24HS
повесть – повестей, 10HS
по-видимому, 24HS
погибший, 2–2
поглощённый, 4–4
погодить, 14VL
погодка, 15–17
под арест, 18–19
под боком, 12HS
под вечер, 7–31
под гору, 12HS
под носом, 12HS
под руку, 7–14, 12HS
подавлять, 22VL
подать, подал, -ла, подало, 3HS; поданный, подан, -ана, подано, 23HS
подать в отставку, 8–15
податься, подался, -лась, -лось, 3HS
подговорён, -ена, -ено, 23HS
поддерживать, 9VL
подержаться, 20–26
поддразнивать, 15–31
поди, 12–17, 15–22
подите, 5–18, 24–9
подлёлся, 7–32
поднимать; поднять, -ниму, -нимешь; поднял, -ла, подняло, 2HS, 3VL, 3HS; поднятый, поднят, -та, поднято, 23HS
подниматься; подняться, поднялся, -лась, -лось, 3VL, 3HS
подозревать, 10VL
подолгу, 24HS
подорвать, подорвал, -ла, -ало, 3HS; подорванный, 23HS

подорваться, -вался, -лась, -алась, 3HS
подпить, 11–1
подсесть, 6–11
подсиженный, 23HS
подстриженный, 23HS
подсумок, 14–41
подсученный, 7–12
подтёк, 14–56
подумать, 7–6
подходить, 1VL
подчинять, 22VL
поезд – поезда, 7HS
пожить, пожил, -ла, пожило, 3HS
позволять, 15VL
пойдёмте, 4–12
пойдёт... в прок, 9–27
пойти, 12–22
пока, 11–3, 22–11
показать, -кажу, -кажешь, 1HS
покачивать/покачать головой, 5–15, 19–2
покачнувшись, 19–25
поклониться, 11–11
пол (на полу) – полы, 7HS
полагать, 8VL
поле – поля, 11HS
полегоньку, 15–18
поливать; полить, полил, -ла, полило, 3HS, 16VL
политься, полился, -лась, -лось, 3HS, 16VL
полк, -а, 7HS
полно, 16HS
полно/полноте, 17–13
половой, 15HS
полог, 6–25
положим, 2–9
положить, -ожу, -ожишь, 4HS

Word Index

полоса́ – по́лосы, поло́с, поло́сам, 9HS
поло́ть, полю́, по́лешь, 5HS
получи́ть, -чу́, -у́чишь, 4HS
помале́нечку, 14–10
помеща́ться, помести́ться, 18–2, 20–26, 21VL
поми́луй/поми́луйте, 16–22, 16–52, 24–14
помога́ть, 10VL
по-мо́ему, 24HS
помо́рщился, 16–15
помяну́ть, -ну́, -я́нешь, 6HS
помя́тый, 8–16
понапра́сну, 24HS
понево́ле, 24HS
понима́ете ли, 7–15
поня́ть, по́нял, -ла́, по́няло, 3HS; по́нятый, по́нят, -та́, по́нято, 23HS
попа́дать, 4–7
попада́ть, 4–7, 21VL
поперевонача́лу, 16–26
поправля́ть, —— -ся, 12VL
попра́ть, 16–31
по-пре́жнему, 8–22, 24HS
по́просту, 24HS
по́пусту, 24HS
попя́тился, 13–22
поража́ть, 20VL
поражён, 7–30
по́ровну, 24HS
по́рознь, 12HS
поро́ть, порю́, по́решь, 5HS
порт (в порту́), 7HS
по́ртить, 19VL
поря́дочный, 5–19
посади́ть, 13–4
посва́таться, 20–21
по-сво́ему, 24HS
посеща́ть, 24VL

поско́льку, 24HS
по́сле того́, как, 4–1
после́довательный, 15HS
посо́л, посла́, 7HS
поспа́ть, поспа́л, -ла́, -а́ло, 3HS
пост (на посту́), 7HS
по́стный, 8–19
посто́й, 15–12
посто́льку, 24HS
поступа́ть; поступи́ть, -уплю́, -у́пишь, 4HS, 21VL
посуди́, 16–33
посыла́ть, 14VL
пот (в поту́), 7HS
по-тво́ему, 24HS
потеря́ться, 4–8
поте́чь, 8–21
потоло́к, -лка́, 7HS
потому́, 9–8
потупля́ть, 17VL
похо́же, 4–14
почему́-то, 6–20
пошёл, 24–16
по́шлость, 13–6
по́шлый, 20–25
поюли́ть, 17–19
появля́ться; появи́ться, -влю́сь, -я́вишься, 1VL, 4HS
по́яс, 23–17
поясня́ть, 6VL
права́, 16HS
пра́вда, 13–9
пра́во – права́, 11HS
пра́здна, 16HS
пра́порщик, 23–3
прах его́ зна́ет, 16–42
пре-, 20–7
превра́тно, 13–15
прегражда́ть, 13VL

предать, предал, -ла, предало, 3HS; преданный, предан, -ана, предано, 23HS
предаться, -ался, -лась, -лось, 3HS
предвосхищение, 13–16
предельный, 14–51
предлагать, 4VL
предполагать; предположить, -ожу, -ожишь, 4HS, 11VL
предпочитать, 13VL
предпочтя, 13–5
предпринимать; предпринять, -принял, -ла, -иняло; 3HS, 19VL; предпринятый, предпринят, -та, -инято, 23HS
предсказать, -кажу, -кажешь, 1HS
представлять, 5VL
предстал, 16–3
предстояли, 16–48
предстоящий, 7–8
предупреждать, 8VL
прежде всего, 8–17
прекращать, —— -ся, 3VL
преодолевать, 10VL
препятствовать, 15VL
прерывать; прервать, прервал, -ла, -ало; 3–2, 3HS, 24VL; прерванный, 23HS
прерваться, -вался, -лась, -алось, 3HS
прескверный, 22–6
при смерти, 12HS
при чём/причём, 15–29, 16–10
при этом, 10–2
приближать, —— -ся, 23VL
прибыть, прибыл, -ла, прибыло, 3HS
привалиться, 14–34
привести в чувство, 20–30

привыкать, 18VL
приглянуться мужчине, 20–6
приговаривал, 16–4
придать, придал, -ла, придало, 3HS; приданный, придан, -ана, придано, 23HS
прижавшись к, 12–25
прижималась к, 11–15
признавать, —— -ся, 8VL
приказывать, приказать, -кажу, -кажешь, 1HS, 5VL
прикидываться, 17–30
прилепился к, 10–9
принадлежать, 14VL
принимать; принять, приму, примешь; принял, -ла, приняло; принятый, принят, -та, принято, 2HS, 3HS, 6VL
приниматься; приняться, -ялся, -лась, -лось, 3HS, 6VL
приносить, 4VL, 19–19
приотворенный, 10–23
пристраивался, 21–4
пристрелить, 13–27
присутственное место, 18–9
притягиваться, 3–11
приуготовлять, 24–6
прихлёбывая, 21–32
приходиться, 9VL
пробовать, 14VL
проболтался, 12–18
пробыть, пробыл, -ла, пробыло, 3HS
проводник, -а, 7HS
проговорить, 7–24
продать, продал, -ла, продало, 3HS; проданный, продан, продана, продано, 23HS
продаться, -ался, -лась, -лось, 3HS

Word Index

проигрывать, 15VL
производить, 7VL
произносить, 5VL
происходить, 4VL
происшедший, 11–32
прок, 9–27
проказа, 24–17
проказник, 7–11
прокатить, 14–50
проклинать; прокля́сть, про́-
  клял, -ла́, про́кляло, 3HS,
  15VL; про́клятый, про́клят,
  -та́, про́клято, 23HS
прокля́тый (adj.), 23HS
променивать, 17VL
пронзённый, 21–12
проникать, 18VL
пропадать, 18VL
пропускать, 2VL
проработать, 7–17
просвещённость, 16–31
просиженный, 23HS
просить, прошу́, про́сишь,
  4HS
просыпаться, 11VL
противиться, 24VL
протягивать, 15VL
проход, 17–6
прочь, 6–33
прощать, простить, —— -ся,
  17VL
проявлять, 14VL
проясняться, 23–15
пры́гать, 14VL
пря́жка, 21–16
пря́тать, 12VL
пря́тался, 5–11
пугать, —— -ся, 18VL
пу́говка, 12–24
пускать; пустить, пущу́, пу́-
  стишь, 3VL, 4HS

пусты́е лю́ди, 9–13
пусть их, 16–20
пу́читься, 21–25
пыль (в пыли́), 10HS
пытаться, 12VL
пя́лить, 17–43
пятно́ – пя́тна, 11HS

раб, -а́, 7HS
работать на, 11–9
равно́, 16HS
ра́да, 16HS
ра́доваться, 20VL
разбирать, 4VL
разбиться, 4–2
разбудить, -бужу́, -бу́дишь,
  4HS
ра́зве, 7–29
развивать; развить, разви́л,
  -ла́, -и́ло, 2VL; 3HS; разви́-
  тый, ра́звит, -та́, ра́звито,
  23HS
разви́лка, 14–61
разви́ться, -ви́лся, -ла́сь,
  -ло́сь, 3HS
развлекать, —— -ся, 21VL
развора́чивал, 16–17
разделя́ть, 9VL
раздражать, 22VL
разлюби́ть, 22–4
разма́зывать, 17–28
разобра́ть, -бра́л, -ла́, -а́ло,
  3HS; разо́бранный, 23HS
разобра́ться, -бра́лся, -ла́сь,
  -а́лось, 3HS
разорва́ть, -рва́л, -ла́, -а́ло,
  3HS; разо́рванный, 23HS
разорва́ться, -а́лся, -ла́сь,
  -а́лось, 3HS
разочарова́ть, —— -ся, 18VL
разруша́ть, 13VL

разумеется, 18VL, 23–4
разъезд, 23–12
разыгрывать, разыграть(ся), 12–1, 19–20
рай (в раю), 7HS
расколотый, 10–15
расписной, 14–42
распродать, -продал, -ла, -одало, 3HS; распроданный, 23HS
распустить, 17–31
рассеиваются, 21–31
рассеянность, 10–6
рассказать, -скажу, -скажешь, 1HS
расставаться, 24VL
расстраивать, 13VL
расстреливать, 13VL
рассуждать, 7VL
рассчитывать, 15VL
расти, 10VL
растрёпанный, 12–9
рвать, рвал, -ла, -рвало, 3HS
рваться, -ался, -лась, рвалось, 3HS
реалист, 13–24
резать, 12VL
резвость, 14–52
река... реку – реки, рек, рекам, 9HS
речь – речей, 10HS
решать, 6VL
римлянка, 3–1
рисовать, 12VL
робость, 5–10
роль – ролей, 10HS
Россия, 9HS
рубеж, -а, 7HS
рубить, -блю, рубишь, 4HS
рубль, -ля, 7HS
ругаться, 6–36, 9–29

руда – руды, 9HS
ружьё – ружья, 11HS
рука... руку – руки, рук, рукам, 7–14, 9HS, 16–19, 20–9
рука об руку, 12 HS
Русь (на Руси), 10HS
ручной, 15HS
рыдание, 4–17
рысачий, 14–58
ряд – ряды, 7HS
рядом с, 1–2

с-, 9–2
-с, 9–6
с рук на руки, 12HS
сад (в саду) – сады, 7HS
садиться, 4VL, 5–9
сам, 11–22, 14HS, 16–41, 17–26, 23–4
самоуважение, 9–11
самый, 14HS
санитария, 9HS
сапог, -а, 7HS
сахар, 16–12
сбираясь, 19–1
сбоку, 4–5
свалиться, 14–21
сведённый судорогой, 14–29
свежо, свежий, 16HS
свернуть, 14–16, 14–31
сверхчеловек, 13–7
свет, 17–7
светскость, 21–13
свеча – свечи, свеч/свечей, свечам, 9HS
свысока, 24HS
связь (в связи), связи, 10HS
священный, 12–4
сгоряча, 24HS
сдать, сдал, -ла, -ало, 3HS

Word Index

сда́ться, -а́лся, -ла́сь, -ло́сь, 3HS
сдви́нуть, 20–22
себе́, 8–14, 10–12
секрета́рь, -ря́, 7HS
село́ – сёла, 11HS
семе́йный, 7–1
семья́ – се́мьи, 9HS
се́мя – семена́, 12HS
сентя́брь, -ря́, 7HS
сенцо́, 21–20
серде́чный, 20–3
серди́ться, держу́сь, се́рдишься, 4HS, 17VL
се́рдце – сердца́, 11HS
серебро́, -ра́, 11HS, 19–18
се́рый, 12–16
сестра́ – сёстры, 9HS
сесть, 4VL
сеть (в сети́) – сете́й, 10HS
сжива́ть, 17–7
си́дя, 18HS
си́женный, 23HS
си́ла, 9–15, 10–20, 10–35, 14–19
симметри́я, 9HS
сирота́, 17–30
-ск-, 15HS
сказа́ть, скажу́, ска́жешь, 1HS
скака́ть, скачу́, ска́чешь, 1HS, 2–12
скамья́, -мьи́, 9HS
склоня́ть, ——— -ся, 11VL
сковоро́дник, 12–15
ско́лько, 21–6
скоре́е, 14–40
скоро́мное, 5–24
ско́рость – скоросте́й, 10HS
скот, -а́, 7HS
скрыва́ть, ——— -ся, 7VL
скрю́ченный, 6–30
сла́ва бо́гу, 14–12

сла́вить, 17–5
сле́ва, 24HS
слегка́, 24HS
след – следы́, 7HS
сле́довательно, 22–7
сле́довать, 15VL
сле́дственно, 23–2
слеза́ – слёзы, слёз, слеза́м, 9HS
сло́во – слова́, 11HS
сло́во за́ слово, 12HS
сложа́ ру́ки, 17–42
сложи́вшийся, 14–2
служи́ть, -жу́, слу́жишь, 4HS, 8VL
случа́ться, 7VL
слу́шаться, 24VL
слыха́ть, 4–11
слы́шать, -шу, -шишь, 2HS
сма́хивать, смахну́ть, 14–23
сменя́ть; смени́ть, -ню́, -е́нишь; ——— -ся, 4HS, 18VL
смерть – смерте́й, 10HS
смесь, сме́си, 10HS
сметь, 9VL
смех, 18–12
смея́ться, смею́сь; сме́йся, 2HS
смо́рщилось, 12–19
смотре́ть, смотрю́, смо́тришь, 5HS, 15–26
смотри́тель, 24–11
смуща́ть; смути́ть, ——— -ся, 15VL
смягчённо, 13–11
снача́ла, 24HS
снег (в снегу́), 7HS
снима́ть; снять, сниму́, сни́мешь; снял, -ла́, сня́ло; сня́тый, снят, -та́, сня́то, 2HS, 3HS, 18VL, 21–26, 23HS

сно́ва, 24HS
сня́ться, сня́лся, -ла́сь, -ло́сь, 3HS
со-, 9-2
со дня на́ день, 12HS
со́ смеху, 12HS
собира́ть; собра́ть, -а́л, -ла́, -а́ло, 3HS, 18VL
собира́ться; собра́ться, -а́лся, -ла́сь, -а́ло́сь, 3HS, 18VL
сова́ть, 14VL
соверша́ть; ──── -ся, 7VL
со́вестить, -ещу, -естишь, 4HS
со́вестно, 19-22
сове́товать, 24VL
соглаша́ться, 15VL
содержа́ть, 20VL
созва́ть, -а́л, -ла́, -а́ло, 3HS
создава́ть; созда́ть, со́здал, -ла́, со́здало; 3HS, 5VL; со́зданный, со́здан, -ана́, со́здано, 23HS
созда́ться, -а́лся, -ла́сь, -ло́сь, 3HS
сознава́ть, ──── -ся, 24VL
сокраща́ть, 24VL
соль – соле́й, 10HS
сомнева́ться, 19VL
сообража́ть, 10VL
сорт – сорта́, 7HS
сосе́д, 24-8
составля́ть, 18VL
состоя́ть, 18VL
со́тник, 14-49
сохрани́ го́споди, 17-8
сохраня́ть, ──── -ся, 19VL
спаса́ть, 19VL
спать, спал, -ла́, -а́ло, 3HS
спа́ться, спало́сь, 3HS
сперва́, 24HS
специализо́ванный, 2-15

спина́... спи́ну – спи́ны, 9HS
спинно́й, 15HS
сплошь да/и ря́дом, 18-15
спозна́ю, 14-4
спокланя́емый, 16-47
спо́рит, 10VL
спра́ва, 24HS
спроста́, 24HS
спуска́ть, 2VL
спьяна́, 24HS
сра́внивать, 13VL
сра́зу, 24HS
среда́ – сре́ды (environment), 9HS
среда́... сре́ду – сре́ды, сред, среда́м (Wednesday), 9HS
среди́, 10-18
станови́ться, -овлю́сь, -о́вишься, 4VL, 4HS
стара́ться, 3VL
старичо́к, 9-3
ста́ро́, 16HS
ста́тский сове́тник, 6-45
стать, ста́ну, ста́нешь, 2HS, 12-21
-ство, 11HS
стекло́ – стёкла, 11HS
стена́... сте́ну – сте́ны, стен, стена́м, 9HS
сте́пень – степене́й, 10HS
степно́й, 15HS
степь (в степи́) – степе́й, 10HS
стесня́ть, ──── -ся, 5VL
стихи́я, 9HS
стлать, стелю́, сте́лешь, 2HS
сто́ить, 12VL
стол, -а́, 7HS
сто́рож – сторожа́, 7HS
сторона́... сто́рону – сто́роны, сторо́н, сторона́м, 9HS

Word Index

стоя́ть, стою́, стои́шь, 2HS, 13-3
страда́ть, 20VL
стремёшка, 21-22
стреми́ться, 21VL
стре́мя – стремена́, 12HS
стричь, стриг, стри́гла, 3HS
стро́ить, —— -ся, 9VL
строй (в строю́), 7HS
строка́ – стро́ки, строк, строка́м, 9HS
статья́, -тьи́, 9HS
страна́ – стра́ны, 9HS
страсть – страсте́й, 10HS
ступа́ть; ступи́ть, -плю́, сту́пишь, 4HS, 10VL
стуча́ть, 14VL
стыд, -á, 7HS
суд, -á, 7HS
суди́ть, сужу́, су́дишь, 4HS
судья́ – су́дьи, 9HS
суета́, -ты́, 9HS
сукно́ – су́кна, 11HS
сумаше́ствовать, 10-19
сунду́к, -á, 7HS
су́нуть, 14VL
суро́ва, 16HS
суро́вый, 14-24
существова́ть, 11VL
схвати́ть, схвачу́, схва́тишь, 4HS
схвати́лся за, 10-34
сходи́ть, —— -ся, 10VL, 11-10
сча́стье, 12-35
счёт, 20-5
счита́ть, счесть, 8VL
счита́ться с, 13-13
съерунди́т, 16-24
сын – сыновья́, 7HS
таба́к, -á, 7HS

тайга́, -ги́, 9HS
так, 9-19, 11,12, 11-29
так и, 11-28, 24-12
так и есть, 17-27
так и так, 19-28
тако́й же, 9-7
та́к-то, 15-11
та́к-то так, 5-16
таска́ться, 14-26
Тверь, Тве́ри (в Твери́), 10HS
твори́ть, 16VL
тво́рчество, 9-21
-те, 4-12
те́ло – тела́, 11HS
-тель, 8HS
-тельн-, 15HS
-тельница, 9HS
темно́, 16HS
тень (в тени́) – тене́й, 10HS
тепло́, -ла́, 11HS
тепло́, 16HS
тере́ть, 14VL
терпе́ть, -плю́, те́рпишь, 5HS, 7VL
тетра́дь, -а́ди, 10HS
течь, 8VL
-тивн-, 15HS
тишь, ти́ши (в тиши́), 10HS
ткань, тка́ни, 10HS
ткать, ткал, -ла́, тка́ло, 3HS; тка́нный, ткан, -ана́, тка́но, 23HS
тка́ться, тка́лся, -ла́сь, -ло́сь, 3HS
то, 14-17, 22-8
-то, 11-16
то, что, 2-5
того́ я пошли́, 8-9
толка́ть, 21VL
толпа́ – то́лпы, 9HS

то́лько, 6–26, 6–35, 15–30, 15–33
том – тома́, 7HS
тону́ть, тону́, то́нешь, 6HS
топо́р, 10–14
топта́ть, топчу́, то́пчешь, 1HS, 14VL
-тор, 8HS
торжествова́ть, 22VL
торопи́ть, -оплю́, -о́пишь, —— -ся, 4HS, 11VL
тоска́, -ки́, 9HS
тот, 6–17, 18–6, 23–18
то́-то, 15–32, 17–1, 17–40
то́чно, 6–29
трава́ – тра́вы, 9HS
тре́бовать, 6VL
треть – трете́й, 10HS
тро́гать, 8VL
труд, -а́, 7HS, 9–17
трудя́щийся, 20HS
трюх да трюх, 15–19
трясти́, —— -сь, 11VL
тур, 15–2
ту́т же, 21–2
тыл (в тылу́) 7HS
тюрьма́ – тю́рьмы, 9HS
тяжёлый, тяжёл, тяжела́, -ло́, 7–20, 16HS
тяну́ть, -ну́, -я́нешь, 6HS

у, 5–3
убежда́ть, —— -ся, 9VL
убива́ть, 10VL
убие́нный, 15–24
убра́ть, убра́л, -ла́, -а́ло, 3HS
убра́ться, -а́лся, -ла́сь, -а́ло́сь, 3HS
уважа́ть, 2VL
уверя́ть, —— -ся, 6VL
увлека́ть, —— -ся, 16VL

угожда́ть, 17VL
уго́дно, 6–39
у́гол (в углу́, на углу́), 7HS
удава́ться, 12VL
удаля́ть, —— -ся, 20VL
ударя́ть, 12VL
уде́рживать, —— -ся, 11VL
удивля́ть, 12VL
удлинённый, 14–35
удовлетворя́ть, 15VL
уж, 14–6
у́жас, 6–15
уже́, 20–31
узнава́ть, 5VL
ука́зывать; указа́ть, укажу́, ука́жешь, 1HS, 16VL
улыба́ться, 1VL
ум, -а́, 7HS
умён, умно́, 16HS
умере́ть, у́мер, -рла́, у́мерло, 3HS
умиле́ние, 16–14
умира́ть, 5VL
умоля́ть, 16VL
уничтожа́ть, 22VL
уноси́ть, уношу́, уно́сишь, 4HS
употребля́ть, 15VL
упуска́ть, 6–22
уси́женный, 23HS
уси́ливать, —— -ся, 24VL
усла́вливаться/усло́вливаться, 7VL
уснаща́л, 16–7
успева́ть, 1VL
успе́л-таки, 10–31
успока́ивать, —— -ся, 23VL
устава́ть, 23VL
устра́ивать, 5VL
устремлённый, 4–6
уступа́ть, 9VL

Word Index

утеша́ть, 24VL
уте́шник, 16-55
утиха́ть, 23VL
у́тро, 20-34
у́хо – у́ши, уше́й, 11HS, 18-28
уча́щаться, 14-55
уча́щий, —— -ся, 20HS
учени́к, -а́, 7HS
учи́тель – учителя́, 7HS
учи́ть, учу́, у́чишь, 4HS
ушно́й, 15HS

ф, 16-30
февра́ль, -ля́, 7HS
фра́за, 12-14

хвали́ть, -лю́, хва́лишь, 4HS, 5VL
хвата́ть; хвати́ть, 12VL
хвата́ть; схвати́ть, 12VL
хирурги́я, 9HS
хитёр, 16HS
хлопота́ть, -очу́, -о́чешь, 1HS, 9VL
ход (в ходу́, на ходу́), 7HS
ходи́ть, хожу́, хо́дишь, 4HS
хо́лоден, холодна́, хо́лодно, 16HS
холщо́вый, 14-25
хоро́ш, -ша́, -шо́, 16HS
хоте́ть, 5HS
хоть, 15-21
хохо́л, 6-4
хохота́ть, хохочу́, хохо́чешь, 1HS, 6VL
храни́ть, 14VL
хрипя́, 12-32

царь, -ря́, 7HS
цвет – цвета́, 7HS
целова́ть, 11VL

цель, це́ли, 10HS
цена́... це́ну – це́ны, 9HS
цени́ть, -ню́, це́нишь, 4HS
цепь (на цепи́) – цепе́й, 10HS
це́рковь – церкве́й, 10HS
цига́рка/цыга́рка, 14-31
циркуля́рно, 8-3

чаёк, 15-6
час, 21-24
час о́т часу, 12HS, 20-15
час-друго́й, 8-20
часть – часте́й, 10HS
чего́ до́брого, 7-9
чего́-то, 18-20
че́й-то, 10-24
челове́к, 8-23
чём-то, 18-13
чепуха́, -хи́, 9HS
черне́ть, 23-20
черно́, 16HS
чернобро́вый, 6-5
чёрт/чорт, 8-9, 19-17
черта́, -ты́, 9HS
честь (в чести́) – честе́й, 10HS
четве́рг, -а́, 7HS
че́тверть – четверте́й, 10HS
чехо́льчик, 5-8
-чик, 8HS
чин, 18-24
число́ – чи́сла, 11HS
чита́ть, 16-49
чорт = чёрт
чре́во, 16-37
что, 5-17, 5-21, 6-8, 8-7, 11-13, 11-21, 16-21, 17-3, 17-44, 19-4, 19-5, 19-21
что ж(е), 11-13
что ты, 16-16
что это, 11-21
что́-ли, 10-30

что́-то, 18–20
чтоб(ы)... не, 23–26
чу́вство, 20–32
чу́вствовать себя́, 9VL
чугу́н, -á, 7HS
чу́до – чудеса́, 11HS
чуть, 6–8, 18–4

-ша, 6–19, 9HS
шар – шары́, 7HS
шепта́ть, шепчу́, шéпчешь, 1HS, 11VL
шерсть – шерсте́й, 10HS
широко́, 16HS
шути́ть, шучу́, шу́тишь, 3VL, 4HS

щади́ть, 19VL
щека́... щёку – щёки, щёк, щека́м, 9HS
щёлочь – щелоче́й, 10HS

-щик, 8HS

-ьянск-, 15HS

этáж, -á, 7HS, 10–25
э́так, 17–34
э́то, 10–29
это, 10–27, 11–21

юро́дивый, 15HS

-яв, 15HS
явля́ться; яви́ться, явлю́сь, я́вишься, 4HS, 16VL
ядро́ – я́дра, 11HS
язы́к, -á, 7HS
яйцо́ – я́йца, 11HS
-як, 8HS
янва́рь, -ря́, 7HS
-янец, 8HS
-янск-, 15HS
-ярн-, 15HS

Topical Index*

Accusative, after verb in negative, 1–6.
Adjectival suffixes, 14–20, 14–58, 14–62.
Adjective (stress): positive degree, HS14–16 (short forms, HS16); comparative and superlative degrees, HS17.
Adverb (stress), HS12, HS24.
Adverbs in -и, 2–8.
Dative, used for predicate adjective after быть, 16–38.
Genitive singular (masculine) in -у, 10–5
Gerund (past), 4–16, 13–5, 23–6, 23–9, 23–24.
Imperative (as conditional), 2–4, 14–30, 17–39.
Instrumental: with мы, 3–6; with accusative, 9–10; in time expressions, 10–8; for place, 10–25; of contemporary status, 19–11.
Neuter plurals in -и, 11–4.
Noun suffixes, 14–20, 14–62, 23–25.
Noun (stress): masculine, HS7–8; feminine, HS9–10; neuter, HS11–12.
Numeral of approximation, 5–1.
Numeral (stress), HS13.
Participle, past passive, of verbs in -ить, 4–4, 4–6.
Plural of importance, 14–7.
Plural of status, 14–15, 20–22.
Preposition (stress), HS12.
Pronoun (stress), HS12.
Pronoun (stress), HS14.
Verb: second person singular of generalization, 15–5.
Verb (stress): Adverbial participle (gerund), present, HS18; Adverbial participle, past, HS19; Imperative, HS2; Participles: present active, HS20; present passive, HS22; past active, HS21; past passive, HS23; Past tense, HS3; Perfective prefix вы-, HS6; Present tense, HS1–2, HS4–6.
Vocative in -о, 14–9.

* For reference code see note under "Word Index."